本书获江苏警官学院"江苏省产教融合品牌专业—

大学生
高外在认知负荷下的
策略学习

殷 明◎著

吉林大学出版社
·长 春·

图书在版编目（CIP）数据

大学生高外在认知负荷下的策略学习 / 殷明著.

长春：吉林大学出版社，2025.7. -- ISBN 978-7-5768-5468-8

Ⅰ．G642.46

中国国家版本馆 CIP 数据核字第 2025KZ3594 号

书　　名：大学生高外在认知负荷下的策略学习
　　　　　DAXUESHENG GAOWAIZAI RENZHI FUHE XIA DE CELÜE XUEXI
作　　者：殷　明
策划编辑：卢　婵
责任编辑：王楷博
责任校对：单海霞
装帧设计：文　兮
出版发行：吉林大学出版社
社　　址：长春市人民大街 4059 号
邮政编码：130021
发行电话：0431-89580036/58
网　　址：http://press.jlu.edu.cn
电子邮箱：jldxcbs@sina.com
印　　刷：武汉鑫佳捷印务有限公司
开　　本：787mm×1092mm　　1/16
印　　张：13.5
字　　数：190 千字
版　　次：2025 年 7 月　第 1 版
印　　次：2025 年 7 月　第 1 次
书　　号：ISBN 978-7-5768-5468-8
定　　价：75.00 元

版权所有　翻印必究

序

  在信息爆炸与知识迭代加速的时代，大学生的学习效率与认知深度日益成为教育领域关注的核心议题；在人工智能技术迅猛发展的今天，如何实现高效学习更是学习者面临的重要挑战。学习策略作为调节认知过程的重要工具，其有效性不仅取决于策略本身，更与学习者所处的认知负荷状态密切相关。然而，传统研究往往孤立地探讨策略运用或认知负荷的影响，对特定认知负荷状态下策略学习的探索明显不足。本研究关于"大学生高外在认知负荷下的策略学习"，正是基于这一现实需求，通过系统的实验设计，为理解复杂认知环境中的学习规律和学习策略使用提供了新的理论框架与实证依据。

  本研究的核心价值在于"系统性"与"创新性"的有机结合。一方面，研究突破了单一策略研究的局限，从策略执行、策略选择与策略转换三个维度，全面考察了外在认知负荷对策略运用的影响机制。通过严谨的双任务实验范式，首次揭示了高外在认知负荷对策略使用的阻碍作用——不仅会降低策略执行的准确率、延长反应时间，还会迫使个体依赖习惯化的自动化策略，削弱策略选择的适应性，甚至改变策略转换的成本。这一系列发现，为认知负荷理论与策略学习研究的融合搭建了关键桥梁。

  另一方面，研究创新性地引入"具身操作"作为调节变量，探讨了相关认知负荷对高外在认知负荷的补偿作用。实验结果表明，具身操作的效果并不具备普适性，而是取决于个体的认知资源余量、任务难度及策略偏好——这一发现为理解具身认知与策略学习的交互关系提供了新的视角，也为教育实践中"个性化认知调控"提供了实验依据。此外，研究结合大五人格量表，揭示了人格特质（如宜人性、开放性）与策略运用、具身调节效果之间的关联，进一步深化了个体差异在认知过程中的解释力。

从实践层面来看，本研究的结论对高等教育具有重要的指导意义。研究提示教育者在教学设计中需要兼顾认知负荷的调控与学习者的个体差异：通过优化学习材料呈现方式来降低外在认知负荷，通过多样化的具身活动（如手势操作、情境模拟）来激活相关认知负荷，同时针对不同策略偏好与人格特质的学生提供差异化指导。这种"认知负荷—策略运用—个体特质"的协同视角，为从"统一教学"向"精准教学"的转型提供了可行路径，再一次证明了教育实践中"因材施教"原则的重要性。

通观全文，其理论整合的深度与实践指向的明确性令人印象深刻。该研究不仅弥补了现有研究中"认知负荷与策略转换的交互机制"与"具身操作对学习效果的影响"等方面的不足，更为后续研究提供了可借鉴的实验范式与分析框架。对于教育研究者而言，它是认知心理学与教育实践交叉研究的典范；对于一线教师与学习者而言，其揭示的规律能够直接指导学习策略的选择与认知资源的管理。相信本研究结果的呈现，将启发更多学者关注复杂认知环境中的学习规律，也将助力教育工作者更科学地培养大学生的高效学习能力，最终推动学习策略研究从理论探索迈向教育实践的深度转化。

2025年4月

目 录

上篇　关于学习行为的研究

第一章　关于学习研究的基本理论 ………………………………… 3
一、认知负荷理论 ………………………………………………… 3
二、具身认知理论 ………………………………………………… 7
三、关于学习策略的运用 ………………………………………… 10

第二章　关于学习策略的研究 ……………………………………… 13
一、外显行为的学习策略研究 …………………………………… 13
二、内在认知加工的学习策略研究 ……………………………… 15
三、关注于具体运用的学习策略研究 …………………………… 15
四、内隐学习策略的研究 ………………………………………… 16

第三章　学习策略与认知负荷的关系 ……………………………… 18
一、影响策略运用的任务特征与认知负荷的关系 ……………… 18
二、影响策略运用的问题情境与认知负荷的关系 ……………… 20
三、影响策略运用的策略特征与认知负荷的关系 ……………… 23

四、影响策略运用的主体特征与认知负荷的关系…………… 25

第四章　认知负荷理论下的学习策略……………………………30
　　一、认知负荷理论与学习策略研究的结合 ………………… 30
　　二、不同认知负荷与学习策略的关系 ……………………… 32
　　三、认知负荷理论视角下的具体学习策略 ………………… 34

第五章　具身认知理论与学习策略的研究………………………38
　　一、具身认知理论研究的三个方向 ………………………… 38
　　二、具身认知理论与学习行为研究的结合 ………………… 40
　　三、具身操作影响学习效果的理论诠释 …………………… 44
　　四、具身操作——提高主体相关认知负荷 ………………… 47

第六章　关于当前相关研究主题的评述…………………………50
　　一、策略运用的研究集中关注于执行与选择 ……………… 50
　　二、认知负荷对于策略影响的研究未能区分负荷类别 …… 51
　　三、具身操作的相关研究未涉及策略的运用 ……………… 52

下篇　学习策略与认知负荷的研究整合

第七章　整合研究的问题、目标与思路…………………………59
　　一、研究整合问题的提出背景 ……………………………… 59
　　二、研究的问题 ……………………………………………… 63
　　三、研究的实验范式 ………………………………………… 64

四、整体研究目标 ……………………………………… 65

　　五、整体研究思路和研究框架 ………………………… 66

　　六、研究的创新与价值 ………………………………… 67

第八章　实验设计与研究 ………………………………… 73

　　一、研究实验共同涉及的设计问题 …………………… 73

　　二、删除无效被试 ……………………………………… 74

　　三、研究一：外在认知负荷影响策略的运用 ………… 74

　　四、研究二：相关认知负荷影响外在负荷下策略的转换 … 109

　　五、研究三：认知负荷下策略运用及具身操作与人格的相关研究 … 143

第九章　研究结果与反思 ………………………………… 151

　　一、研究意图与现实结果 ……………………………… 151

　　二、人格和策略偏好与策略运用和具身操作的相关性 … 154

　　三、研究的不足与展望 ………………………………… 157

　　四、对大学生高等教育的启示和建议 ………………… 160

　　五、研究的主要结论 …………………………………… 162

参考文献 …………………………………………………… 163

附　录 ……………………………………………………… 196

　　附录1：策略选择偏好类型的判定 …………………… 196

　　附录2：大五人格量表中国版简版 …………………… 204

后　记 ……………………………………………………… 206

上篇　关于学习行为的研究

人类自诞生之日起，学习活动便始终伴随其左右。从微观层面来看，人类个体的存在与发展离不开学习，从最初的掌握生活技能到后期的社会适应，都是学习的结果；而从宏观层面来看，一个民族、一个国家乃至整个人类社会的兴盛同样也离不开学习，尤其是在当今知识信息飞速发展的大数据时代。围绕"学习"展开的全时域学习、终身学习、全民学习、学习型组织与学习型社会，已成为上至学者、下至平民百姓所关注的热点问题，因而对学习的研究也就成为必然。

对学习行为的研究与反思，旨在探索学习行为发生与发展的机制，其根本目标在于改善人类的学习行为，提升学习效果。在这一过程中，相关研究人员发现：学习行为存在一定的规律、方法与技巧，人们能够通过有意识地采取一些针对性的方法来提高学习效率，加强对知识技能的掌握程度（Greenough et al., 1972；何木叶 等，2014；刘电芝，1997，2004，2012；张恒超 等，2010）。这种具有针对性的规律、方法、技巧就是一种学习的策略，由此产生了对学习问题研究的一个重要分支——学习策略研究。

心理学对学习策略问题的研究始于认知心理学的兴起，美国心理学家布鲁纳（Bruner）与其合作者的著作《思维之研究》（*A Study of Think*）（Bruner et al., 1956）在涉及人工概念研究过程中首次提出"认知策略"（Cognitive Strategy）的概念。1956年6月，在达特茅斯会议上，美国心理学家纽厄尔（Newell）、肖（Shaw）和西蒙（Simon）提出了首个编程的AI实例"逻辑理论家"（Logic Theorist），并成功证明了怀特海（Whitehead）所著《数学原理》第二章中的全部52条定理（Newell et al., 1956）。这是人类历史上第一个模拟人类解决问题的计算机程序，能够模拟人类证明符号逻辑定理的思维活动，由此宣布了人工智能的诞生。1958年，三位研究者又研制出另一个模拟人类解决问题的计算机程序——通用问题解决者（General Prolem Solver, GPS），该程序的内部知识是以产生式来表征的，每个产生式由条件和行动两部分组成，可用来解决多种不同性质的复杂问题，如数学定理证明、河内塔游戏和野人过河之谜等（Newell et al., 1958）。研究者利用计算机有效地模仿了问题解决策略，从而形成了"学习策略"的概念，引起心理学家，尤其是教育心理学家的极大关注。从此，作为认知心理学发展的一个阶段性成果——学习策略问题开始成为心理学、教育学研究的重要课题。

随着近年来认知科学的飞速发展，作为学习策略研究的心理学理论基础发生了变化，尤其是澳大利亚学者斯韦勒（Sweller）提出的"认知负荷"理论以及认知语言学家雷科夫（Lakoff）及约翰逊（Johnson）在其经典著作《肉身的哲学：具身心智及其对西方思想的挑战》（*Philosophy in the Flesh: The Embodied mind and its challenge to Western thought*）中首次明确了"第二代认知科学"的概念及其心智的具身性（或称涉身性）特征，即具身认知。如何将当前的认知负荷理论、具身认知与具有悠久历史的学习策略研究相结合，进行理论整合与诠释？本书以此为目标，尝试开启学习策略研究的全新领域，为学习策略在高等教育教学过程中真正发挥作用奉献力量。

第一章 关于学习研究的基本理论

一、认知负荷理论

20世纪80年代，认知科学领域出现了一个较为重要的概念，即由澳大利亚学者斯韦勒提出的认知负荷理论（Paas et al., 2010；Paas et al., 2003；Sweller, 2003；Sweller et al., 2011）。该理论沿袭了人类认知的信息加工观点，以图式理论和人类工作记忆为研究基础。所谓认知负荷，是指在执行认知任务时加于认知系统的负荷（Sweller et al., 1998）。认知负荷可以视作为了完成特定的学习目标，需要在工作记忆内进行信息加工处理的过程（Hogg, 2006；Kalyuga, 2010）。认知负荷理论将人的心理视为一种可分配的资源，而学习则主要是关于复杂任务问题解决中认知资源的分配、利用与消耗（Sweller, 1988）。根据斯韦勒的理论，将认知负荷区分为三种类型：内在认知负荷、外在认知负荷和相关认知负荷（Sweller et al., 1998）。

（一）内在认知负荷

内在认知负荷是指在工作记忆中由同时进行加工的元素数量及难度所引起的认知负荷。同一时间内加工的元素越多、越难，且元素之间存在高交互作用，需要在同一时间内进行加工，那么学习者的内在认知负荷就越高。相比之下，如果元素较多，但呈现较低程度的交互作用，并且可以按照序列进行加工，不需要同时进行，那么内在认知负荷就相对较低。一般认为，内在认知负荷的高低是固定的，常规情况下是无法改变的，它与任务本身的性质、学习材料的复杂性以及学习者的专长背景知识有关（Jeroen et al.，2006；Sweller，1994）。材料越复杂，认知负荷越高；相关专业知识越多，认知负荷越低；反之，专业知识越贫乏，认知负荷越高。因此，要改变内在认知负荷，或者改变学习材料，降低难度，减少元素之间的交互作用；或者改变学习者的背景知识水平（Sweller，1994，2010b；Sweller et al.，2009；Sweller et al.，1998）。但是，如果总的认知负荷没有超出主体承载的极限，那么任务难度大、元素交互作用多，有时也可能起到促进学习的作用——随着内在认知负荷的提高，也有可能促使主体加深学习，加大对学习的投入（Gerjets et al.，2004；Jeroen et al.，2005；Paas et al.，1994；Yung et al.，2015）。

此外，如果个体的工作记忆广度更大，认知灵活性更高，焦虑等负性情绪更少，可能会降低内在认知负荷。如工作记忆广度更大，对于内在认知负荷的包容程度就更高，从而加大学习投入；认知灵活性更高，对于复杂的材料就更能够包容和掌握各元素之间的交互作用，从而降低其复杂性；焦虑等负性情绪更少，就不会增加额外的情绪性内在认知负荷。而这些因素大多与人格特征紧密相关，如工作记忆广度和认知灵活性与开放性和严谨性有关，焦虑等负性情绪则与神经质和宜人性有关，因此有必要进一步考察不同人格特征的个体在策略运用上的差异。

（二）外在认知负荷

外在认知负荷即由外部材料引起，一般与学习材料的组织和呈现方式有关，是由学习过程中对学习没有直接贡献的心理活动引起的。当给学习者提供了一些不恰当的指导程序或与学习主题无关的材料时，即提供了

"冗余"信息，这些信息不再有利于任务的完成，反而成为一种阻碍。例如，如果教学材料中包含文字和图解，而这些文字和图解的内容又不完全一致时，便会给学习者造成外在认知负荷。一般而言，如果个体所从事的任务比较简单，内在认知负荷较低，那么对外在认知负荷的调整就没有必要；但如果任务难度较大，元素间的交互作用较多，即存在很高的内在认知负荷，为了防止主体认知负荷超载，则必须调整外在认知负荷。同时，处于高内在认知负荷与高外在认知负荷的状态，必然导致学习或任务的失败（Sweller et al., 2009）。任务组成元素间的交互作用，既产生了"冗余"信息和表征，也可能对外在认知负荷产生影响，提高了负荷状态。但不同于内在认知负荷的是，元素间的交互作用所带来的外在认知负荷一定是阻碍学习或认知任务完成的因素，应尽可能降低这种交互作用所产生的冗余信息（Bing et al., 2016；Sweller, 2010a, 2011, 2012）。辨别这种元素交互作用究竟是外在认知负荷还是内在认知负荷，可以通过减少交互作用来区分——一旦减少元素的交互作用，整个学习或认知任务的性质和目的发生改变，那么这就属于内在认知负荷；如果减少交互作用，任务的性质和目的未发生改变，那么这就属于外在认知负荷（Beckmann, 2010）。

（三）相关认知负荷

相关认知负荷，有学者称为"元认知负荷"，也称有效认知负荷，它产生于学习者在学习某一个任务未用完所有的认知资源时，此时学习者可以将剩余的认知资源用于与学习直接相关的加工中去，使学习者在工作记忆中加入更高级的有意识的认知加工（如重组、抽象、归纳、比较和推理等），或者有意识地设计一些认知加工活动，目的是通过这些活动来有助于图式构建和自动化（Kalyuga, 2010；Mayer et al., 2003；Sweller et al., 1998）。这种加强认知的加工会增加认知负荷，但这种认知负荷不会阻碍学习，反而会促进学习。在学习过程中，进行归纳、自我提问、自我解释通常就会产生相关认知负荷，只要总的认知负荷未超出工作记忆的容量，那么相关认知负荷的提高就能够增强学习效果，有助于提升学习的深度。1979年，美国斯坦福大学心理学教授弗拉维尔（Flavell）首次提出元认知概念，将其视为监控意识心理过程的高层次心理过程，他认为元认知包括元认知知识、元认知体验、目标任务以及行动或策略四个部分（Flavell，1979）。比利时根特大学教育学系教授瓦尔克（Valcke）提出了元认知负荷（Metacognitive load）的概念，他将学习者用于监控图式构建和存储所耗费的认知资源称为元认知负荷，并主张将元认知负荷视作相关认知负荷的一种（Valcke，2002，2004）。

（四）三类认知负荷的相互关系

有学者认为，相关认知负荷和内在认知负荷在某种程度上难以严格区分，因此该概念可以被剔除，无须将认知负荷单独分出一个相关认知负荷的概念（Kalyuga，2010，2011）。对此，斯韦勒强调：相关认知负荷与外在认知负荷、内在认知负荷不同，它并不是一个独立的认知负荷资源，而是与工作记忆中用于处理元素交互作用的内在认知负荷紧密相关。如果工作记忆资源大部分能够用于处理由内在认知负荷引起的加工活动，那么相关认知负荷也会被最大程度地激活；反之，如果工作记忆资源主要用于处理由外在认知负荷所引起的加工活动，那么相关认知负荷将被最小化，从而不利于主体对任务的关注，降低了学习或认知活动的效果（Sweller，2010b）。一般而言，个体认知负荷的总量由外在认知负荷与内在认知负荷之和决定。当工作记忆总量大于两者之和时，剩余的认知资源便可用于相关认知负荷（Leahy et al.，2015）。但是对于一个给定的学习或认知任务而言，其内在认知负荷是固定的（如上文所述，除非改变学习或认知活动的性质，但一旦性质发生改变，就不再是原来的任务了；或者改变主体的背景知识水平，但这种背景知识水平是相对固定的特质，需要长期累积，因此任务在短期内难以发生改变），而主体的工作记忆总量也是固定的。因此，降低外在认知负荷就能将剩余的认知资源分配给相关认知负荷，从而提高学习或认知活动的效果。

二、具身认知理论

"具身认知理论"的核心含义是指人的身体在认知过程中起到了非常关键的作用，认知是通过身体的体验及其行为活动方式而形成的（叶浩生，2010）。在第一代认知科学的理论体系中排斥了身体经验对认知的作用，于是西方的哲学家们开始质疑这一认知理论，反思并批判各种形式的二元论，由此引发了将主体身体经验引入认知过程的第二代认知科学革命，即具身认知。第二代认知科学最重要的特征是心智的具身性（或称涉身性），即心智、理性能力依赖于身体的生理、神经结构及活动形式，根植于人的身体以及身体与世界的相互作用中。意大利帕尔玛大学神经科学中心的加莱塞和里佐拉蒂等研究人员（Gallese et al., 1996）在恒河猴腹侧运动皮层的F5区发现了一类运动神经元，称为镜像神经元。这些神经元在两种情境中可被激活并产生放电效应：当恒河猴执行指向某一目标的手臂动作时，以及当其被动观察同类或其他个体甚至实验者执行相同或类似的动作时，这些神经元都会变得活跃，似乎仅凭视觉刺激就可以激活这些神经元（Rizzolatti et al., 1996）。这表明这些神经元具有"映射"他人动作的能力（Rizzolatti et al., 2004）。镜像神经元的发现挑战了身心二元论，支持了认知的具身特征，为身心一体论提供了神经生物学依据。

综合不同学者的研究，具身认知理论的主要观点包括以下几个方面。

（一）认知的涉身性

认知不能脱离具体的身体，认知依赖于有机体的物理性，如感知过程中身体的肌肉状态和身体感受状态。首先，身体的物理属性对认知的内容具有直接的塑造作用，这种塑造作用不仅体现在现实的物质概念上，也体现在抽象的理性概念范畴中。这些抽象概念最初的理解与获得完全依赖于身体的感觉经验。例如，在日常生活中描述某一事件"重要"与否的感知，其最初的获取与理解即源于我们身体生理感受上的"重"和"轻"，尤其是在与外界物质接触过程中产生的"重""轻"的感觉（Schneider et al.，2011）。通过诸多身体与环境互动所形成的感受，在长期积累与沉淀之下逐步形成对世界的认识。其次，认知过程进行的方式同样受到身体物理属性的制约。例如，当人们观察物体时，由于观察时所处的角度不同以及左右两眼与被观察物体相对位置的差异，形成了左右眼的不同视差，因此在左右眼视网膜上形成的物像存在大小差异。这种差异性构成了人类的深度知觉，而差异性的来源则是主体身体与头部所处位置的差异，当个体移动身体或转动头部时，就会产生新的差异，进一步强化主体的深度知觉（Gibson，1951，1979）。由此可见，身体的物理状态和属性直接参与了认知过程。可以不夸张地说，人的感知能力，如知觉的广度、阈限、可感知的极限等，都是由身体的物理属性决定的（叶浩生，2010）。因此，认知的内容、认知的过程乃至认知的方式，实际上都是由身体的运动、体验或肌肉状态所决定的。

（二）认知的体验性

人类的认知及对世界的看法来源于身体与外界环境中事物相互作用所引起的主体身体状态的改变，即形成主体的身体体验。身体对这些事物的接触与感知，即身体体验，塑造着主体认知的内容、方式及结果。因为主体的认知处于身体之中，根据具身认知的观点，身体的物理属性构造特点影响着认知的构成，因此外界事物与身体互动的过程及其结果都会直接或间接地改变认知主体的肌肉骨骼状态等诸多身体结构，从而使得主体的自我感受知觉状态也随之发生变化。这些变化即为主体对外界事物的感知、体验与内化，最终将外界事物纳入主体认知的构成部分。但是在这一过程中，由于主体身体状态的差异性（如肌肉骨骼状态、身体激素水平、神经递质的个体差异），造成其体验的差异性。所以，不同的主体面对同一认知对象时，由于各自身体状态主导下的体验方式、体验内容、体验结果不同，进而形成不同的认知方式、认知内容与认知结果。主体的认知受身体感知与体验的支配，即为认知的体验性。并且，这种由身体感受带来的认知体验性在一定阶段内具有弥散性的特点：主体一旦与外界某一特定事物相互接触后所产生的身体体验，会使主体在当时或此后的一段时间内以某种固定的认知方式来认识和理解其他事物。例如，通过荷兰心理学家的实验表明：拿着一个沉重写字板的研究对象相较于拿着轻巧写字板的被试，在判断外币的价值时，身体负重直接影响了研究对象对事物重要性的评价，那些负担更重的被试认为被评价的外币价值更高（Jostmann et al.，2009）。这个实验充分证明，知识经验的获得在很大程度上依赖于身体的体验性。

（三）认知的情境性

环境或情境是保证认知不可或缺的条件。由认知的体验性可知，认知的内容、认知的过程以及认知的方式都与身体密切相关，而身体本身处于环境中，因此认知也应扩展至认知者所处的环境之中。某些持激进具身观的学者认为：与认知过程相关的信息部分存储于大脑和身体结构中，更多的信息则直接存储在外部世界。在认知发生过程中，这些存储于大脑、身体结构以及环境中的信息同时被认知主体所利用。常见存贮信息的环境包括网络、电脑等，抑或是物理环境中的物品布置等。例如，现代人遇到问题时可能会更多地求助于搜索引擎，而非冥思苦想。所以，身体、大脑与环境结构都可视为主体认知过程的组成部分，即环境是身体，身体也是环境，以至于没有理由将这些外部物体同认知系统的其他成分区分开来……人类可以将环境结构纳入认知加工，环境因而从认知上变得更加友好，因为它为人类的认知省去了许多不必要的步骤（Shapiro，2007）。这种外部环境信息不仅包括纯粹的物质世界，也包括主体周边个体所形成的人际环境。例如，钟晨波和伦纳德利（Zhong and Leonardelli，2008）通过实验表明：个体在与他人接触过程中，对方态度的冷淡或热情会导致个体产生冷或热的身体物理感受。实验中，引导一部分被试积极参与游戏并与其他同伴相处融洽，而另一组被试则被他人有意地冷落与排斥。结果发现，两类被试在实验后期的食物选择上出现明显差异：那些被冷落的被试更倾向于选择一杯热咖啡和热的食物。这说明人际情境的"冷"导致被试产生了生理感觉的"冷"，因而倾向于选择热咖啡和热食物以温暖自己的身体。由此可知，认知是身体在环境的主导下主动构建而成的。因而，心智、身体与环境在相互作用的过程中组合成紧密交融的整体。从这个意义上看，环境也是身体的一部分。环境中的物体、文化、历史事实、社会风俗、行为规则、道德规范都通过身体媒介对行为产生影响（叶浩生，2011a）。

三、关于学习策略的运用

一般认为，学习策略是指学习者在学习活动中有效学习的程序、规则、方法、技巧及调控方式。它既可以是内隐的规则系统，也可以是外显的操作程序与步骤（刘电芝，1997，2000；张荣华 等，2012）。但学习策略本身并不是一个独立的存在，在一系列研究中人们发现，绝大部分的学习策略并非与生俱来，策略的获得、生成、选择、利用等实践过程中，存在包括年龄、先前知识水平、任务与策略的匹配程度、教师、任务特征等诸多因素的影响（Ardiale et al., 2012; Carr et al. 1989; Hinze et al., 2009; Kolić-Vehovec et al., 2014; Krahnke, 2012; Richards, 2010; Vitale et al., 2012）。学习者只有有效地利用这些因素，并且有意识地进行调节与控制，才能真正发挥策略对于学习的促进作用，提高学习效率，巩固知识、技能与信息的掌握。面对复杂的情境，如何有效地运用策略成为一个重点研究方向。

所谓学习策略的运用，是指在任务情境中，个体选择不同策略并有效执行的操作加工过程，主要包括策略选择和策略执行两个步骤（Lemaire et al.，2011；Siegler et al.，1997）。其中，策略选择指个体根据给定的任务或环境，合理选择策略，有效解决问题，即如何选择策略来解决已知问题（Gal et al.，2007；Mata et al.，2015）。策略执行指的是个体使用某种策略解决问题的速度和准确性，即在适当的时间，以合适的顺序，正确执行所有步骤的能力（Mata et al.，2015；Peters et al.，2011）。

（一）策略运用的四个维度

在策略的运用过程中，人们会受到诸多因素的影响，而且根据策略运用的不同阶段也会有所差别。因此，如何考察策略的实际运用情况成为一个比较复杂的问题，不能也不应仅针对单一情境或单一策略执行阶段来研究策略的运用。针对此问题，勒梅尔与西格勒（Lemaire and Siegler，1995）提出了策略运用能力的四个维度：新策略的引入、现有最有效策略的使用增加、每种策略的有效执行、更为有效的策略适应性选择。概括起来可以这样理解：新策略的引入，即策略库维度，指学生用以解决任务的不同策略；现有最有效策略的使用增加，即策略分布维度，指每种策略使用的频率；每种策略的有效执行，即策略效率维度，指策略执行的速度和准确率；更为有效的策略适应性选择，即策略选择维度，指个体是否选择了最有效的策略，即该策略能够引导个体快速准确地完成任务（Torbeyns，2004）。

（二）策略适应性

维尔沙菲尔等人（Verschaffel et al.，2009）则就上述策略运用四个维度中涉及的"策略适应性"（strategies adaptively）给出了专门的解释：即在给定的情境条件下，完成指定的算术任务，个体是如何快速有效地选择和使用最为恰当的策略来解决问题，其实质是考察策略的灵活性（Strategy flexibility）以及策略使用的有效性。策略的灵活性包括任务变量的适应性（Adaptivity to task variables）、主体变量的适应性（Adaptivity to subject variables）、背景变量的适应性（Adaptivity to context variables）三个方面，类似上文所述的策略影响因素。

　　本书的主题即围绕这三个基本理论展开，分析和验证三者之间可能存在的相互影响和作用。一方面将理论有机地融合，推动理论的发展；另一方面，可以进一步发挥已有理论和研究的作用与价值，尤其是针对策略的运用。

第二章 关于学习策略的研究

人类对于学习方法的探索和研究有着极其悠久的历史，我国古代许多先贤都论述过相关的问题。例如，春秋时期的思想家、教育家孔子曾经说过："学而不思则罔；思而不学则殆"（《论语·为政》）。从现代学习策略的角度而言，这就是一种提高相关认知负荷的学习策略的表述：通过对学习过程本身的反思、分析来总结规律、寻找方法，提高学习效果。对于学习策略的关注最初源自教学实践，但是从其发生、发展以及应用来看，学习策略的根本仍然是对人的研究。于是，心理学开始介入学习策略问题，尤其是随着认知心理学的兴起，对于学习策略的研究集中于认知层面。第二代认知科学的发展以及认知负荷理论的提出，开启了对学习策略的系统研究。

一、外显行为的学习策略研究

在学习策略研究的早期，研究人员主要是依据现代认知心理学的基本原理，以一般性的学习行为为研究对象，揭示人类学习过程中所使用的某些普遍性的方法、技巧等策略。这种策略具有广泛的适用性，能够应用于一切学习行为发生的过程中和较为广泛的人群，可以称为"一般学习策略"。但是，教学工作者将一般学习策略应用于具体学科教学过程中发现，绝大部分的学习策略所起的作用相对较小，对于提高学生的学习成绩作用不显著（刘电芝 等，2004，2005）。一般学习策略的实际效果不理想，问题来自两个方面：首先是传统的信息加工理论和认知理论忽略了作为学习主体的人的特殊性：能动性、情感性和社会性；其次是没有与具体学习内容相结合，缺乏针对性。研究表明：如果对被试进行一般学习策略的培训，只有涉及相关策略的学习内容与测试阶段的材料内容非常相似时，被试才能主动意识到并主动去使用学习策略，否则培训阶段的效果无法在测试阶段体现（Dansereau，1985）。而且针对不同的学习群体，即便是使用同一种学习策略学习同一项内容，其效果也存在明显的差异。随着研究的深入以及心理学研究的发展，学习策略的研究开始转向结合具体学科的学习策略研究，并且关注于适用群体的差异性。

早期这种一般性学习策略是一种外显行为的策略研究，它源自教育教学理论与实践人员对于具体学习过程的观察、分析与总结。此类研究关注于个体学习的外在行为和表现，通过效果检验对学习行为进行提炼，总结出一套学习策略方法。这类一般学习策略诞生于研究的早期，比较著名的有美国心理学家罗宾逊（Robinson）所提出的所谓的"SQ3R学习策略"。这一策略包括五个方面的内容，或者说分为五个步骤：概览（Survey）——问题（Question）——阅读（Read）——记忆（Recall）——复习（Review）。这种策略是显著的外部行为，即外显的操作程序与步骤（Robinson，1946）。外显行为的策略研究另一方面源自认知心理学以及教育心理学研究人员的分析与总结，以认知理论为基础对学习行为过程中的内在机制进行研究，归纳出相关的学习策略。丹瑟罗等人（Dansereau et al.，1985）就是在认知心理学基本原理的基础上，根据人类认知的特点和规律，分析总结出了"MURDER学习策略"。

二、内在认知加工的学习策略研究

从信息论的角度而言，学习的本质在某种程度上就是信息的摄入、存储、组合、提取与输出。因此，基于认知心理学的基础理论和信息论的观点，如果将一般学习策略进行归纳汇总，可以分为信息选择的策略、信息记忆存贮的策略、信息组织加工的策略以及对所有策略和学习过程进行监控管理的相关认知策略，即监控协调整体认知过程的策略。目前存在的各种一般学习策略，不论是以何种方式进行归纳、分类以及阐释，其根本均可视作信息认知加工过程的策略，即认知策略。因此，这里所说的一般学习策略，首先遵照的是认知机制和信息加工理论。例如，上文所提及的丹瑟罗将学习策略分为基础策略（primary strategy）和支持策略（support strategy）。基础策略包括识记、回忆等策略，这些策略可以用于信息的存储与提取；而支持策略则包括计划、时间筹划、注意力分配以及自我监控和诊断的策略（Dansereau，1985），这些策略从认知负荷角度来看，则是提高相关认知负荷的策略。此外根据学习的进程，加涅等人把学习策略分为选择性注意策略、编码策略、知道何时使用某一策略、检查学习策略的有效性（Gagne et al.，1997），这些同样是信息的输入、存储、输出以及元认知过程的体现。

早期的相关研究揭示了能够促进学习效果的具体策略，但绝大多数研究是对现象的描述与总结，并没能从根本上说明学习策略对于学习产生促进作用的原理与机制。这个问题主要是受制于当时理论的局限性，所以研究的深入需要借助于新的理论参与，于是便产生了从信息加工到认知负荷的转变。

三、关注于具体运用的学习策略研究

由于一般学习策略的局限性，国内外研究人员的重点逐渐转向结合具体学科内容的学习策略研究。最初对于学科学习策略的研究仍然按照信息加工的思路，依据信息的选择、信息的存储、信息的加工这样的基本准则，对具体学科学习过程中的相关策略进行分析研究。目前，在诸多学科学习策略的研究中，第二语言获得的学习策略与阅读策略研究已成为学科学习策略研究的重点，相对而言在研究上较为全面系统。最早从20世纪90年代开始，奥马利（O'Malley）和查莫特（Chamot）在1990年撰写的著作 *Learning strategies in second language acquisition* 中就开始对语言学习策略进行研究，他们认为学习策略是学习者个体为理解、学习和保持新信息而采用的特殊思想和行为。其研究证实了安德森（Anderson，1983，1985）提出的听力过程分为三个阶段的理论，并证实了策略教学有助于学生听力能力的提高。牛津（Oxford）撰写的 *Language learning strategies：what every teacher should know*，这是一本专门针对教师的语言学习策略的培训手册，Oxford认为语言学习策略是学习者在语言学习过程中的具体动作和行为，这些行为能够让学习者自我引导、自我享受，使得语言学习更为成功（Oxford，1990）。其后，温登（Wenden）撰写的 *Learner strategies for leaner autonomy*，讨论了学习策略与学习者自主学习能力培养之间的关系（Wenden，1991）。这三本著作成为语言学习策略研究的开始，其研究阐述的侧重点虽然各不相同，但都开始关注语言学习过程中的策略使用问题。

四、内隐学习策略的研究

在研究的初始阶段，关于二语学习的策略，绝大多数研究注重从外显角度构建策略体系。然而，大量研究表明：人类的学习不仅仅是外显层面的，很大程度上存在内隐形式的学习，即无意识获得刺激环境中复杂知识的过程。雷伯（Reber，1967）在其文章 *Implicit Learning of Artificial Grammar* 中首次提出了"内隐学习"的概念，并通过实验证实了内隐学习的存在。既然存在内隐学习，研究人员开始关注是否存在相应的内隐学习策略。刘电芝等人采用"乘法算式答案正误判断的实验任务"，以"奇偶检查策略"为具体策略研究对象，证实了内隐学习策略的存在。并且，这种内隐策略经过不断练习可逐步上升到意识层面，只是从无意识到意识的发展过程存在较大的个体差异（褚勇杰 等，2011）。在此基础上，具体学科学习策略的研究也从一般外显行为的学习策略，开始转向内隐学习过程的策略研究，从内隐的角度分析具体学科学习策略的训练、使用、教学与评估等问题。

在具体研究过程中，学科学习策略可根据学科的不同分为数学学习策略、语言学习策略、物理学习策略等。并且，在一般学科学习策略的基础上，又根据各个年龄阶段的不同，区分出类似小学数学学习策略的运用与发展（刘电芝 等，2005）、初中生数学学习策略的可控心理影响机制（莫秀锋 等，2005）以及大学生英语学习策略使用特点及发展趋势（张荣华 等，2008）等具体学科不同学习阶段的学习策略研究；或者根据学生个体性的差异，探索和研究具体学科学习策略在优等生和学困生中的使用差别，从而形成适合于两类不同群体的学科学习策略。

第三章　学习策略与认知负荷的关系

目前，对于学习策略的研究已经形成了一个较为完整的体系，包括一般学习策略以及与具体学科相结合的学习策略。绝大部分的研究集中于不同学习主体、学习形式以及学习内容在学习过程中对策略的掌握与使用状况的研究，但也有一部分研究关注了策略运用的影响因素。学习策略真正能够发挥作用涉及诸多因素，通过对这些影响因素进行系统梳理，本研究发现，影响策略运用的因素最终可以归纳为四个方面：主体特征、任务特征、策略特征以及问题情境，这些因素背后和个体的认知负荷状态紧密相关。

一、影响策略运用的任务特征与认知负荷的关系

影响策略运用的任务特征包括任务与策略的匹配程度、任务本身的难度等因素。根据这些因素发挥作用的实际价值，其对于个体认知负荷状态的影响，主要是降低内外认知负荷的问题。

（一）任务与策略的匹配程度——影响外在认知负荷的因素

影响策略转换的一个重要任务特征因素就是任务与策略的匹配程度。策略转换存在一定的成本，即为认知加工时间的增加（Taillan et al.,

2015）。根据研究发现，并不一定是策略或者任务的难度导致了策略转换成本的存在，从而影响主体的策略转换。卢韦尔等人（Luwel et al., 2009）通过系列实验发现，策略转换与任务转换一样存在认知成本，这里所谓的认知成本即增加反应时，不过认知成本增加并不会减少正确率，转换成本会随着策略与问题匹配程度的提高而减少或消失。相应地，如果策略与当前的任务不匹配，那么转换成本就会增加。因此，该研究证明：并不是所执行策略的难度决定了策略转换的成本，而是策略与任务的匹配度决定了转换成本。因此，策略与任务的匹配度越低，策略转换成本越高，越不容易进行策略转换。从认知负荷角度来看：研究中所提及的策略与任务的匹配程度可以视作一种外在认知负荷，匹配程度越高，则外在认知负荷越低。随着外在认知负荷的降低，这样就能有效提升相关认知负荷，使其能够有更多认知资源应用于加工过程，从而使得被试的反应速度加快。

（二）任务难度——影响内在认知负荷的因素

任务难度是影响策略运用过程中的一个重要因素。上文所述，在策略转换过程中存在成本，正是这种转换成本的存在可能在某种程度上削弱了年长被试策略转换的能力和意愿，从而使得其策略转换相对于年轻被试的频率更低。

但是勒梅尔和勒卡谢（Lemaire and Lecacheur, 2010）通过三组实验探索任务因素如何影响策略转换时发现了一些有意思的现象：①关于任务的难易问题——策略转换成本仅仅在执行简单任务时出现。如果以反应时为考察指标，可以发现策略转换成本出现在被试从较难任务转向较易任务的过程中；策略选择过程中，不论困难任务还是容易任务都存在策略成本；在执行简单非进位的估算任务时，策略选择过程中的策略转换成本要大于该问题在策略执行过程中的成本。②关于策略本身的难易问题——在策略执行阶段，策略转换成本仅仅发生在从难策略转向易策略的过程中。这些现象表明，并非只有较难的任务才会影响策略的转换，很多时候简单任务反而会引发策略转换成本,从而影响策略的转换。国内学者刘电芝(2005)指导学生完成儿童简算策略任务时也发现,一旦任务有挑战性时,儿童会更多地放弃旧策略而使用新策略。由此看来,任务本身的难度并不是影响策略转换的绝对因素,任务对于策略转换的影响应该还存在其他因素的干扰。但是,如果从认知负荷的角度而言,任务难度则是影响主体内在认知负荷状态的影响因素,因此可以推论:认知负荷水平影响策略转换。

二、影响策略运用的问题情境与认知负荷的关系

影响策略运用的问题情境包括外部教师因素、学习环境以及整体环境等因素。根据这些因素发挥作用的实际价值,其对于个体认知负荷状态的影响,主要是降低内外认知负荷以及提升相关认知负荷。

(一)外部教师因素——降低外在认知负荷、提升相关认知负荷的因素

学习策略的执行成功与否,其中指导学习的教师是一个非常重要的因素。一位优秀的教师,其讲解教学的重点在于从知识的传授到方法的启发与引导。教师对于策略执行的影响,从根本上而言,就是需要教师能够根据教学对象的实际情况,在教学过程中寻找匹配学生实际情况的学习策略。根据上文所述,可以知道:学习策略的执行与学习者前期的知识水平以及年龄等因素都有关。因此,教师对于策略执行的影响可以分为直接和间接两个层面。直接层面则是教师根据学生的特点,直接传授符合其背景的学习策略,帮助学生简化信息或调整认知资源的分配,使其将有限的认知资源充分投入学习过程,有利于学习策略的执行。在这个过程中,教师的作用体现在降低外在认知负荷,保证学生主体能够剩余一定的认知资源用于提升相关认知负荷。同时,一个优秀的教师本身也会激发其学生学习

的热情和兴趣，从而提升相关认知负荷。此外，教师通过教学增加学生的基础知识，因而间接影响学习者对学习策略的执行。在这个过程中，由于学生自身知识能力的积累，其内在认知负荷得以降低，也有助于策略的执行。

（二）外在学习环境——降低内在认知负荷的因素

目前个体所处的学习环境包括三个方面：第一是真实的物理环境，第二是虚拟的网络环境，第三是复杂的人际环境。最具有时代特点的是，随着网络的普及与应用，越来越多的虚拟网络环境正在影响传统学习方式以及学习策略。对于这种新型的学习环境，促使着学习策略发生相应改变，否则将难以适应时代的需求。当然，对于网络虚拟环境，不同的研究人员给出了不同的评价。如果从最新的第二代认知科学"具身认知"的角度，并结合延展认知的观点来分析，身体和环境本身已经紧密不可区分，并成为个体认知的一部分，两者共同承载了大脑中央执行系统的一部分认知负荷。如果按照切梅罗（Chemero，2009）在其著作《激进的具身认知科学》(*Radical embodied cognitive science*)中所主张的：认知应该是一个环境动力系统，而不是心理表征和计算操控，并且人类智能的一部分功能已经从大脑卸载到了身体和环境中。如果说传统的书籍和计算工具所承载的人类智能有限，且受时空限制的话，那么日益广泛的虚拟网络环境的存在则突破了时间和空间的限制，加之信息获取的便利性，使得虚拟网络环境真正成为人类认知能力的扩展。一方面，云存储的出现将人类的一部分记忆能力进行了无限扩展；另一方面，云计算的应用又大大拓展人类的计算分析能力，相应地，学习者的认知加工能力得到了提升，类似于增加了学习者的专业知识背景，因此其内在认知负荷相对降低，从而大大提高了个体策略执行的能力。

（三）综合问题情境因素——影响内外认知负荷的因素

综合问题情境因素，这是影响策略选择、改变个体内外认知负荷的重要因素。德国马克斯·普朗克人类发展研究所的马雷夫斯基和斯库勒（Marewski and Schooler, 2011）提出了策略选择生态化模型——认知龛理论。该理论用以分析在策略、认知能力以及环境三者之间的相互作用之下，学习者如何选择某种策略以解决给定的任务。这种相互作用适用于每一个策略，从而形成认知龛——一种限定的特殊情境，在此情境之下相关的策略才有可能发挥作用，以此来简化策略选择。研究人员通过一系列实验研究证明：学习者在策略的选择过程中，其决策依据是记忆的可获得性以及对现实世界的详尽知识背景，即综合问题情境。该模型能够定量地预测学习者对现实世界客体的了解和熟悉程度、相关记忆检索速度的分布式特征，以及经典决策理论中的认知龛（包括策略运用的流畅性、策略的可获知性、策略的整合性、策略的规则性以及序列抽样的启发性）。根据该理论，策略选择呈现两种方式。首先，当学习者面临策略选择任务时，其并不会真的从自己所有的策略储备系统中进行全面检索。因为个体的认知加工能力有限，中央执行系统在同一时间能够处理的策略数量受工作记忆容量的限制。因此，学习者往往通过减少适用策略的检索范围来简化策略选择过程。这种局限性源自策略本身的特性以及认知能力，如记忆、时间感知能力，以及与环境相互作用中表现出的规律性等。而认知龛就是用以量化说明在认知系统和环境相互作用下，学习者选择某种策略的可能性。这个过程有点类似于认知加工过程中的情境与模式识别理论。如果认知龛中没有与当前问题相匹配的情境，即没有能够解决当前问题的、适合特定情境的特定策略，学习者会采用启发式的方式来使用策略；如果在认知龛中存在与当前问题情境相重合的，个体会执行与第一种模型相同的方法，权衡"成本收益率"、学习过程、相关策略选择的影响因素（包括准确率、努力程度以及完成任务的速度）来决定策略是否可用，这个过程是个体认知系统与环境之间相互作用的函数。因此，策略的选择在某种意义上受个体认知能力以及所处环境因素的影响。这里的认知能力就是影响主体内在认知负荷的因素，而环境则是控制外在认知负荷的重要因素。

三、影响策略运用的策略特征与认知负荷的关系

研究表明：策略选择和策略执行一样，也受被试的先前知识水平、技能、工作记忆容量、年龄等诸多因素的影响，同时也与问题与策略特征有关。前人在此基础上发展出了多种个体策略选择的模型，具体包括如下。

（一）策略成本——内外认知负荷的反映

佩恩、贝特曼和约翰逊（Payne, Bettman, and Johnson, 1993）在其著作《适应性决策者》（*The adaptive decision maker*）中提出了适应性决策者理论模型（adaptive decision maker），将学习者视为绝对理性的个体——即当学习者面对存在多种可能的策略选择时，会按照收益最大化原则，在理性分析的基础上选择相应的学习策略。为了保证收益的最大化，决策者会根据三个基本元素来对需要选择的策略进行考查：①对于决策者而言，策略获得的可能性；②策略可能会产生的相应结果；③策略结果的相应价值。这里的价值包括很多方面，如最小的风险系数、最小的成本支出等。学习者在考察策略选择的过程中，依据权重比较法则（The weighted additive rule, WADD）（Payne et al., 1993）对以上三点进行综合权衡比较，最终确定最佳策略选择方案，以保证策略选择结果的收益最大化。具体而言，就是根据某种策略在使用过程中可能需要学习者付出的努力程度，即"成本"，以及通过使用该策略有可能让学习者有效地提高学习的速度和学习结果的准确率，即"收益"。通过对"成本"和"收益"之间进行权重比较，即计算"成本收益率"（cost-benefit）来最终确定选择哪种学习策略。最终目标是以最小的成本代价——即学习者在时间和努力程度上的消耗最少，获得最高的收益——即能够大幅度提高学习任务完成的准确率，同时加快完成的速度。这里所涉及的成本，从认知的角度来分析，即主体支付的认知资源，也即外在认知负荷与内在认知负荷之和。

（二）策略的速度、准确率、新异性——外在及相关认知负荷的反映

在策略选择问题上，西格勒和希普利（Siegler and Shipley, 1995）提出了适应性策略选择模型（Adaptive Strategy Choice Model，ASCM）。在该模型中，策略选择的过程不仅取决于特定问题的答案，还受到使用策略解决问题的速度和准确率的影响。策略的速度和准确率可以视为影响主体内外认知负荷的因素，速度越快，可能意味着该策略的表现形式越简单，从而降低策略选择的外在认知负荷；而新异性则是提高主体相关认知负荷的手段，能够增加主体的介入程度和主动性。在策略选择中存在这样一个问题：如果现有策略在当前情境下已有效，那么是什么促使学习者选择新策略并应用新策略呢？ASCM模型对此问题的处理方式是引入了新异性指标，用以标注新出现的策略。这种新异性能够在一定程度上临时强化新策略的强度，即使该策略没有任何使用记录，也有可能促使学习者选择使用。当然，随着新策略的每一次使用，其新异性强度会逐渐降低，但学习者可以获得该策略运用的速度和准确率的基础数据。随着这些基础数据的积累，该策略被再次使用的可能性也可能随之增加。这种新异性在某种程度上可以被视为一种提升主体相关认知负荷的机制，它能够引起学习者的兴趣，促使其主动参与策略选择过程。因此，ASCM模型在明确学习者究竟选择何种策略时，所依据的是该策略运用的速度、准确率和新异性三个基础数据，但是新异性基础数据和速度、准确率基础数据成反比。因此，策略的速度、准确率以及新异性成为影响策略选择的重要因素。不同之处在于，学习者会根据使用效果的新经验对策略的选择进行修改，因此该模型可以称为经验修正模型。

综合以上研究发现，策略的运用与问题情境、任务特性、策略特征以及主体特征密切相关。个体的策略运用具有一定的限制因素，中央执行系统在整个过程中起到主导作用，如实现策略的调配、选择和处理等。舒恩和雷德尔（Schunn and Reder, 2001）发现，个体的策略选择与执行受到

任务复杂程度与工作记忆的影响,尤其是在策略适应性维度上,存在个体的系统性差异,由此导致个体在任务完成绩效上的显著差异,而这种个体差异主要与推理能力和工作记忆相关。拉姆梅拉尔(Rammelaere,2001)以估算问题和估算策略为考察对象,发现中央执行系统对估算问题的策略选择具有不同的干预效果,这与估算问题的难易程度密切相关;迪韦尔恩(Duverne,2007)采用选择/无选法,使用CRT任务范式干扰执行功能,让成人被试完成两位数乘法的同时判断随机呈现音调的高低,发现中央执行负荷导致被试策略执行差,且上调策略表现比下调策略更差。在有负荷条件下,策略使用不适用,更少使用最佳策略,更多选择简单策略,这说明工作记忆中央执行系统在策略选择与策略执行中被应用。上述相关研究表明:策略的选择与执行都与主体的工作记忆及中央执行系统负荷相关。如果从认知负荷的角度来看,使用策略涉及的任务可视为内在认知负荷,而背景环境等外在刺激则构成外在认知负荷。在这些研究中,工作记忆问题与认知负荷问题的关系尤为明显。信息加工是在工作记忆系统这个平台上完成的,因此工作记忆必然会对个体的策略选择表现产生影响(Imbo et al.,2007)。

四、影响策略运用的主体特征与认知负荷的关系

影响策略运用的主体特征包括学习者的前期知识水平、年龄因素、动机、个体成功经验、主观期望值等多个因素。根据这些因素发挥作用的实际价值,或其对个体认知负荷状态的影响,包括了降低内外认知负荷的因素和提升相关认知负荷的因素。

(一)前期知识和能力水平——降低内在认知负荷

面对相同的学习材料,由于学习者所具备的前期知识和能力水平存在差异,会直接造成相同的学习策略产生不同的执行结果(Callender et al.,2009)以及不同的策略选择与转换效果。一个适合前期知识高水平学习者

的高效学习策略，对一个前期知识低水平的学习者未必适用，某些情况下甚至可能阻碍其学习（Kalyuga et al.，2003），反之亦然。托尔拜恩斯等研究人员通过对70名大学生进行实验研究发现，具有较好算术运算能力背景的被试，其学习效率明显高于运算能力相对较低的被试（Torbeyns et al.，2011）。斯塔等人（Star et al.，2009）通过研究发现：学生对于估算策略使用的流畅性（即策略背景知识拥有的多少）直接影响学生策略的选择与转换。具备较多策略背景知识的学生倾向于选择并将策略转换为能够提高估算准确性的口算策略；而策略背景知识较少的学生则倾向于选择并转换为最便于执行的策略。这表明个体对所要使用的策略的背景知识掌握程度，对于策略的转换具有较强的影响。

这里所说的先前能力和知识水平实质上是影响主体内在认知负荷的重要因素，先前知识越丰富，个体的内在认知负荷就越低。通过策略转换的研究同样表明：个体与任务相关的先前能力知识水平越丰富，则策略转换速度越快。

（二）年龄因素——间接影响内在认知负荷

在诸多主体特征中，年龄因素是影响策略执行与转换的一个重要方面，尤其以策略的执行更为显著。有学者进行估算策略实验，结果发现：虽然年轻和年长者有着相似的策略偏好，但年长者选择的估计策略适应性较差，并且估计准确性较差、花费时间较长，特别是在面临难度较大的问题或采用难度较大的策略时（Lemaire et al.，2004）。严格来说，年龄因素是根据个体学习策略动态发展的不同阶段，分别表现出不同的作用。上述研究中，年龄因素在策略的执行问题上表现出一定的消极作用。如果从认知负荷理论的角度来诠释，降低学习者的内在认知负荷是学习策略产生作用的一个重要方面，个体背景知识或前期知识水平的丰富程度则能够显著影响内在认知负荷。而年龄往往是体现背景知识或前期知识水平的一个重要因素，年龄越大，社会经验越丰富，背景知识也越充足。因此，年龄因素通过影响个体的背景知识水平，间接促使个体的内在认知负荷降低，从而提高学习效果。

而在策略转换过程中，根据阿尔迪亚勒和勒梅尔（Ardiale and lemaire, 2013）的研究发现，即便是儿童也具备中断当前策略、转而寻求更优策略的策略转换能力，并且这种能力会随着年龄的增长而提高。此外，他们通过两组实验测试不同年龄组被试在解决问题过程中的项目内策略（within-item strategy）转换情况。实验发现，在执行较差策略时，年长成年被试比年轻成年被试转换频率低，只要条件合适，年轻成年被试策略转换得更为频繁，通过策略转换能够帮助被试获得更高的准确率（Ardiale et al., 2012）。法国学者通过实验研究也发现：年长者使用的策略数目较少，也较少选择最佳策略。当在统计上控制了抑制和转换能力后，年龄效应在策略数目上不再显著，但在策略选择上仍然显著（Hodzik et al., 2011）。出现这种情况，可能是由于频繁的策略转换会增加年长者的工作记忆负荷，从而使他们更多地选择先前使用的策略。塔扬、阿尔迪亚勒和勒梅尔（Taillan, Ardiale, and Lemaire, 2015）在进一步的研究中也发现：年长成年被试在执行有线索提示策略后，相较年轻成年被试更加不愿意转换策略。策略转换也存在认知成本的消耗，尤其是从较难策略转向较容易策略时；年长成年被试的项目组内策略转换成本大大高于年轻成年被试，尤其是在某些特殊情形下，年长被试转换得更少。因此，在某种程度上，策略转换成本的增加阻止了年长成年人的策略转换能力和意愿。如果从认知负荷的角度而言，年龄在策略转换过程中成为间接影响内在认知负荷的因素，随着年龄的增加，工作记忆可能减少，即认知负荷总量降低，认知资源总量受限。

（三）关于动机问题——提高相关认知负荷

影响策略执行的诸多因素中，动机不可忽视。牛津（Oxford, 1989）通过研究指出，学习动机是影响学习策略执行的一个十分重要的因素。埃利斯（Ellis, 1994）研究得出，学习者的动机强度与他们所采用的学习策略的数量存在因果关系。但是通过进一步地研究发现，动机本身又与诸多因素相关，它并不是一个稳定不变的素质。居韦尔琴、泰卡亚和松古尔（Güvercin, Tekkaya and Sungur, 2010）研究发现，学生的学习动机随年级的升高而降低，女孩的科学学习动机高于男孩。同样，这里的性别因素和年龄因素与动机共同产生了作用，并且相互之间互有增抑，导致学习者策略执行效果的不同。动机强度的差异导致了主体在任务解决过程中主动参与和介入的程度，因此其实质是影响主体的相关认知负荷，提高主体主动进行深加工的意愿。

与动机相类似的，影响策略转换的一个重要因素是期望值，它同样能够提高主体的相关认知负荷，即提高主体对于认知加工的投入程度，进行深加工。德国马克斯·普朗克人类发展研究所的里斯坎普和英国华威大学的奥托（Rieskamp and Otto, 2006）根据四组实验的结果，提出了策略选择学习理论（strategy selection learning theory, SSL theory）。该理论假设学习者对自己所具备的策略会形成主观期望，在策略选择过程中会部分根据自己的主观期望来进行，并且这种期望会根据个体后继的经验不断增加而更新。这种策略选择模型中，影响策略选择的因素加入了主体的主观期望值这个主体变量，而该变量在一定程度上与主体的个体特征存在关联。现有研究发现，即便还有其他策略更适合当前的情境，人们也会倾向于选择某一特殊策略或始终刻板地使用某种策略（Luwel et al., 2005）。从这里可以发现，策略的选择在某种程度上是与主体的个体特征紧密相连的，并不是一个绝对理性的过程。但并不是所有研究结果都一致，也有研究发现：在没有很大负荷之前，人们还是倾向于选择最适合的策略（余姣姣，2016）。

（四）个体前期成功经验——降低内在认知负荷，提升相关认知负荷

个体前期成功经验对于策略的选择具有重要影响。美国卡内基梅隆大学的安德森提出了策略选择模型——思维的适应性控制—理性模型（Anderson，1993），该理论强调学习过程中学习任务的目标距离与过往成功经验的信息在策略选择过程中的有机融合。洛维特和安德森（Lovett and Anderson，1996）认为，这个模型类似于人类认知理论中的"模板匹配理论"，学习者大脑中贮存着大量以往采取某种策略的成功经验，即个体将采用某种学习策略成功解决问题的前期经验作为匹配某类问题的模板，并大量贮存于主体的大脑中，以往使用最为成功的策略往往是主体的首选或最佳选择。这里的成功经验信息包括使用该策略以往成功实例的数量以及以往失败实例的数量，但不包括当时成功或失败的具体问题以及相应的问题背景。这种成功经验信息对于策略选择非常重要，它在对以往所有策略进行均衡评估的基础上，预示着采用某种策略成功完成任务的可能性。这种策略选择理论更符合人类认知加工的现实，将人视为理性的，但这种理性是相对的，其决策依据是个体已有的经验信息，而不是穷尽所有可能。因此，策略选择的结果可能不是绝对最优，而是在个体经验范围内的相对最优。该模型中，学习者已有经验（或同样可以理解为前期知识水平）以及策略使用的速度、准确性等特征成为影响策略选择的重要因素，因此同样是在调整主体的内在认知负荷。同时，前期的成功体验有可能激励主体投入更多精力，主动参与认知加工过程，进行任务的深加工，由此提高主体的相关认知负荷。

综上所述，策略的运用包括策略执行、策略选择与策略转换三部分。在关于策略的研究过程中，人们发现了影响策略运用的诸多因素。随着认知科学的发展，目前对于策略的研究越来越多地集中于认知科学领域，发现诸多因素都可以从认知负荷的角度来进行诠释。因此，本书的研究也着眼于认知角度，分析影响策略执行、策略选择与策略转换的影响因素及其调节机制，由此引入下一部分关于认知负荷理论与学习策略相结合的研究。

第四章 认知负荷理论下的学习策略

一、认知负荷理论与学习策略研究的结合

伴随着认知科学研究的兴起,许多学者以认知理论为依据构建了相关的学习理论,并从认知的角度深入细致地分析策略运用的机制。认知负荷理论就是其中一个重要的研究方向。认知负荷理论早期的研究主要关注主体在执行不同认知任务时,三类认知负荷的状态变化以及工作记忆的差异(Sweller, 1994; Sweller et al., 1998)。随着整体研究趋势的发展,研究人员将认知负荷理论应用于教学实践中,尝试在教学与学习过程中运用该理论,通过调整具体方式、手段和材料等,控制外在认知负荷、内在认知负荷以及相关认知负荷的状态变化。在前文论述影响学习策略的因素时,已经获悉各类影响策略运用的因素都可以找到相对应的认知负荷调整。研究者考察了不同负荷状态下带来的学习效果的差异(Carlson et al., 2003; Kuldas et al., 2013; Merriënboer et al., 2010; Ramirez et al., 2016; Winberg et al., 2014),即认知负荷状态的不同带来了学习效果的差异,同时考察学习策略的运用。例如,通过建立计算机模型来分析学生在完成特定基础算术任务时如何选择与使用新策略(Cimpian et al., 2012; Cragg et al.，2014；Shrager et al.，1998；Siegler，1986，1996，2000，2007；Siegler et al.，2011）。从认知角度对策略运用进行研究的过程中，诸多研究人员发现"策略适应性"问题与主体的中央执行系统以及工作记忆相关。研究分别从行为、眼动和脑电数据上取得了相应的证据，证明在策略选择与策略执行中，受中央执行系统和工作记忆的影响，进而产生不同的效果（Duverne et al.，2008；Imbo et al.，2007；Uittenhove et al.，2015；Wang et al.，2006；Xu et al.，2014；丁晓 等，2017；司继伟 等，2016；司继伟 等，2012）。

　　与此同时，在认知科学研究领域产生了另一个重要的理论——工作记忆理论（working memory theory）（Baddeley，1998）。该理论认为，工作记忆在处理复杂认知任务时起着对任务相关信息的控制、规划和主动保持的作用，它包括多重表征编码和三个子系统，即言语回路、视空间画板和容量有限的中央执行系统。工作记忆是一个能力有限的加工系统，在这个系统中，加工与存储共享同一个资源，因此会出现这样一个现象：即记忆负荷增加时，认知加工绩效同时下降；或者任何认知任务加工过程的难度增加都会导致短时记忆中的信息丢失（Barrouillet et al.，2007）。因此，从这个角度而言，认知负荷与工作记忆密不可分，大量的研究均证实了这一点（Brown et al.，2001；Bui et al.，2013；De et al.，2007；Morey et al.，2015；曹宝龙 等，2005；张鹏程 等，2017）。根据上文所述，目前已经证明"策略适应性"问题与主体的中央执行系统以及工作记忆相关，那么如果将认知负荷、工作记忆与学习策略三者联系起来考察，就能发现这样一个关系：工作记忆与"策略适应性"问题相关，而认知负荷与工作记忆又密不可分。由此可以认为：基于认知负荷的角度对学习策略的实质进行分析，完全可以将之视为对认知资源的调节配置与使用。当前的有关实证研究也证实了这一点：即采取一定的策略后，主体包括外在认知负荷、内在认知负荷以及相关认知负荷的状态都会发生相应的改变（Abdul-Rahman et al.，2014；Jalani et al.，2015；Shehab et al.，2015）。因此可以说明，策略运用与认知负荷存在紧密的联系，上述关于认知负荷与教学的研究中所涉及调整认知负荷的方式、方法、手段等，如果从学习策略的角度而言，其实质就是具体策略运用的体现，如图4.1所示。

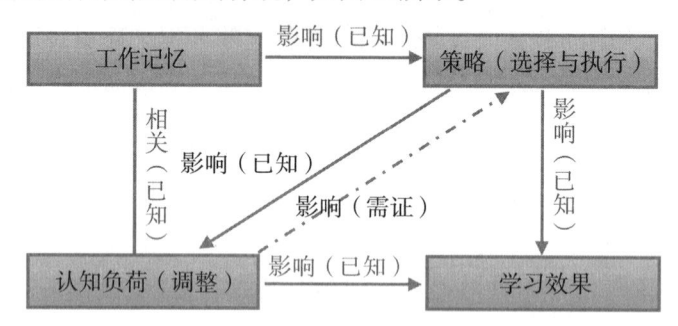

图4.1 工作记忆、认知负荷、学习策略的关系图

从图4.1中可以看出，认知负荷的调整和策略的运用都能够对学习效果或者认知任务的执行产生影响。所以，从策略运用的角度来说，认知负荷的调整可以视为策略的一种；而从认知负荷的角度而言，策略的运用也可以视作认知负荷的调整。但是两者有一个比较大的区别：学习策略的使用，是对学习过程以及认知任务的解决产生促进作用；而认知负荷分为外在、内在以及相关三种，而且存在有无和高低之分，因此调整认知负荷对于学习效果能够产生影响，但是这种影响的效果并不一定是促进，有可能产生正向的作用——有效促进学习任务或认知任务快速、准确地完成；也有可能产生负向的作用——阻碍学习或认知任务的完成，造成准确率下降，完成时间加长（Alexander，1999；Hrin et al.，2015；Moreno，2004；Schwartz，2014）。

二、不同认知负荷与学习策略的关系

根据上文所述，学习策略运用的效果可以视作认知资源的合理运用与耗竭的结果。因此，学习策略的实质在于通过策略的应用，降低学习者在学习过程中的外在和内在认知负荷，使其能够拥有充分的认知资源来应对学习信息获取、加工与存贮的处理过程。相对于相同的学习内容，应用策略会使学习变得更容易，学习所需时间更短，或者在相同的时间内学习者能够掌握更多的学习内容，因为其认知资源足以满足其学习所需。此外，某些学习策略的应用则会提升学习者的相关认知负荷，促使其将剩余的认知资源用于对学习内容的深度加工，从而同样能够提高学习效果。

本书研究从认知负荷的角度分析和研究相关的学习策略。这些策略包括：降低外在认知负荷的学习策略（Chen et al., 2015; Schelble et al., 2012）、降低内在认知负荷的学习策略（Ayres, 2006; Davids et al., 2016; Musallam, 2011）以及提高相关认知负荷的学习策略（Cierniak et al., 2009; Paas et al., 2006）。

外在认知负荷一般是由学习材料的组织和呈现方式所引起的。同时也有研究认为，学习策略本身的复杂性对学习任务的外部负荷起决定作用，并且制约着学习策略的有效性（Stull et al., 2007）。当学习策略过于复杂且不易掌握时，学习者会面对过高的外部负荷，而留下较少的认知资源去进行关联加工，从而导致学习效率低下。内在认知负荷则与学习材料本身以及学习者的专业背景有关，材料内容越多、相互关系越复杂，则会引起学习者较高的内在认知负荷；而背景知识则相反，丰富的专业背景知识积累能够有效降低内在认知负荷。因此，降低内在认知负荷的学习策略主要针对这两个方面进行干预。本书研究据此从外在、内在、相关认知负荷三个方面对学习策略进行重新考量与改造。国内已有学者从认知负荷的角度对小学生的数学学科学习策略提出符合个体现实的学习策略。例如，强调样例学习策略的生活特性，针对特定的数学学习内容，将样例设计为包括学生每天的作息时间安排、家庭生活费支出计划等与学生的生活、学习息息相关的内容，同时与学生头脑中长时记忆储存的图式及相关的知识经验相联系，由于学生熟悉这些内容，从而大大降低了学习的外在认知负荷（孙崇勇 等，2015）。

上述研究揭示了学习策略对于学习产生促进作用的根本原因在于认知

负荷的操纵与改变，这是一个提高学习效率、增强学习效果的根本之法。

三、认知负荷理论视角下的具体学习策略

上文所述，从认知资源的角度来看，影响不同学习策略运用效果的一个重要原因在于认知资源分配的结果。认知资源分配的差异主要是受三种不同的认知负荷的影响，包括内在、外在和相关认知负荷三种类别。因此，根据学习策略与认知负荷的关系，可以从这三个类别分别考察不同的学习策略是如何通过调整认知负荷而达成提高学习效率、增强学习效果的目标的。

（一）利用三种认知负荷诠释学习策略的作用

前文所述，外在认知负荷主要与学习材料的组织和呈现方式有关，其在很大程度上受接近效应的影响，而接近效应分为时间接近效应和空间接近效应。因此，相关学习策略的组织必须依据降低外在认知负荷的原则。最典型的就是组织策略，即按照材料的特征或类别进行整理、归类或编码，将信息化繁为简、由无序到有序的一种方法（刘电芝，1997）。由于将学习材料重新整合，大大减少了学习的元素，并且有序排列，从而有效降低了由材料形式所引起的外在认知负荷，使学习主体可以将节省的认知资源用于应对内在认知负荷，或提升相关认知负荷。另外还有图解策略——指运用图示或连线、箭头等手段表示知识之间内在联系的方法。通过形象、直观且概括性强的一幅图可以包含若干信息，从而降低了材料呈现所引起的外在负荷，有利于直接把握知识之间的复杂关系或内在联系（刘电芝，1997）。例如，在小学几何教学过程中，学生在学完各种四边形后，可通过下面图4.2的韦恩图揭示各种四边形的关系。该图一目了然地将四边形及各类四边形的关系揭示出来，从而大大降低了学习的外在认知负荷。

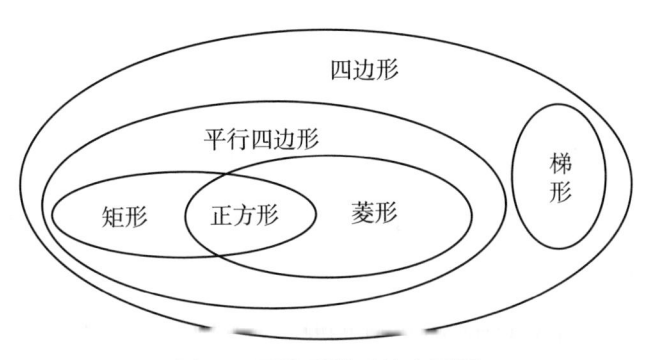

图4.2　四边形关系的韦恩图

内在认知负荷与任务本身的性质、学习材料的复杂程度以及学习者的专业背景知识有关。任务性质越复杂、越难，或者学习材料内容越多，学习者必须同时处理多个认知单元的信息，且单元之间存在错综复杂的关系，则会造成学习者的内在认知负荷越高。但是这种任务难度以及材料复杂性所引起的内在认知负荷较高还取决于学习者的专业知识背景。背景知识越丰富，所学内容与需完成的任务越相近，则学习者的内在认知负荷也越低。因此，降低内在认知负荷的学习策略主要针对这两个方面入手。就学习材料而言，可以采用组块策略，指的是将学习材料按照问题解决处理的方式分割成不同的较小单元，这些单元本身构成了认知图式的基本要素，从而降低了学习者构建图式对认知资源的消耗。彼得、沙伊特和卡特兰博内（Peter, Scheiter, and Catrambone, 2004）通过研究证明，在学习过程中通过呈现模块化的学习材料能够有效降低学习者的内在认知负荷。

相关认知负荷是有效认知负荷的一种，它是学习者主动将认知资源投入学习过程并进行深加工而引起的一种负荷。这种负荷不同于外在和内在认知负荷，它不仅不对学习过程产生阻碍，相反能够提高学习效果的程度。这种能够促使学习者将有限的认知资源集中于学习对象的策略，即为提高相关认知负荷的学习策略。如精加工策略，使用该策略就是促使学习者将学习材料的内容进行意义的添加与充实、构建，它是将学习材料中的新知识信息与学习者原有的知识建立关联，增进对新知识的理解和记忆

（刘电芝，1997），从而引起学习者投入更多的关注度，在提升高相关认知负荷的同时也增强了学习效果。

（二）三类认知负荷学习策略对高等教育教学的启示

依据三类认知负荷对学习策略的诠释，能够为具体的高等教育教学过程带来一定的启示。

首先，根据降低外在认知负荷的原理，在组织实施具体的高等教育教学过程中，某些特别复杂晦涩的课程应充分利用图表等形式，由教师或组织学生对学习材料进行归纳和总结。通过采取此类策略，以降低学生在学习过程中的外在认知负荷，使其能够剩余足够的认知资源来应对内在认知负荷并投入相关认知负荷。

其次，在高等教育教学过程中，要善于利用类似组块策略这种降低内在认知负荷的策略。对于难度较大且有一定深度的学习任务，教师可以有意识地引导学生养成记笔记并梳理笔记的良好习惯。将每节课上所接触的大量信息材料，有选择、有取舍地整理、加以组块化，特别是将那些需要但不常用的知识整理、形成组块，可减小记忆负担。一般来说，利用笔记的组块方式有：①顺序式，即以某种时间关系或空间关系来组织材料；②逻辑式，即以演绎或归纳的方法来组织材料；③分类式，即以内容的相同性或重要性集中组织材料。此外，还可以凭借组块外存的方式，如利用笔记本、卡片、电脑等工具外存知识组块，能够有效降低学习者的内在认知负荷，即释放了部分认知资源，同时方便今后对信息的检索、提取和使用，也降低了外在认知负荷，能够让学习者留有充分的认知资源用于相关认知负荷。此外，还可以通过启发式策略充分利用已有知识经验的联想，不仅大大减小了内在认知负荷，也增强了学习者的相关认知负荷，从而大大提高学习效果。

最后，要充分利用能够提高相关认知负荷的学习策略。在高等教育教学过程中，教师可以采取一些手段促使大学生在学习过程中投入更多的关注度和努力程度，使大学生从被动学习变为主动学习，从而提高相关认知负荷。例如，将多个学习者组成一个学习小组，进行相互合作。在学习过程中，对遇到的新知识信息以及疑难问题，组织多个学习者就此问题展开讨论。同时，在相互讨论、辩论过程中对相关问题进行相互提问并做出一定回答。在这一过程中能够强化学习者的参与程度，提升其相关认知负荷，更多关注于学习材料，关注于学习过程，由此而强化学习效果。通过以上策略方法，使得教育教学达到理想的效果。

综上所述，认知负荷的调整和学习策略的运用都会影响学习效果或认知任务的完成，而且策略的运用也会影响认知负荷的状态。学习策略的本质即为对认知负荷的调整与运用，从而使主体能够充分利用认知资源。因此，也可以从学习策略对于不同认知负荷调整的角度进行分析与应用。

根据上述研究结果以及图4.1的相互关系，可以推导出认知负荷的调整也会对策略的运用产生影响，从而促进或阻碍策略运用的效果。因此，有必要探讨不同认知负荷对策略运用（包括策略选择、策略执行、策略转换）的影响。但是对照三类不同认知负荷的定义来看：内在认知负荷是由任务以及主体本身的性质所决定的，一般较难改变。因此，本书的研究主要通过操作外在认知负荷与相关认知负荷，考察策略的运用。本书研究的第一个问题即为外在认知负荷对策略运用的影响，第二个问题为相关认知负荷对策略运用的影响。

从前文关于影响策略运用的因素以及关于不同种类策略的分析中，都能够发现认知负荷在其中的重要价值。这些研究都强调了影响策略运用的因素以及策略本身都与运用主体的特征有关，但是目前的研究仍主要集中于认知的部分，如意识的加工，尚未涉及主体的身体因素，而身体是主体认知加工的物质基础，根据第二代认知理论的分析，身体的重要性不言而喻。因此，下一章将就具身问题展开进一步分析。

第五章　具身认知理论与学习策略的研究

一、具身认知理论研究的三个方向

具身认知自其诞生之日起便存在较大争议，它是对传统认知科学的一次根本性革命。这一观点的提出本身就融合了不同学科领域的研究发现与成果，由此引发了一系列连锁反应，导致包括心理学、教育学、语言学、神经认知科学等多学科理论基础及操作实践的变革，为研究人员拓展了一个全新的视角。根据研究人员关注焦点的不同以及其主张的理论依据不同，可以分为三个不同的方向。其中前两个研究方向结合具身认知理论的基本观点展开，第三个研究方向则与一般意义上的具身认知存在一定的差异。

（一）以认知的涉身性为基础——关注于认知的感觉运动活动的离线具身

持这一观点的学者主要关注具身认知理论中认知的涉身性特点，将焦点集中于感觉运动活动，强调认知就是对感觉运动刺激的反应过程。

尤其是在离线认知活动过程中，感觉运动刺激扮演着至关重要的角色（Barsalou，1999；Decety et al.，2006；Madl et al.，2016；Perlovsky et al.，2012）。持该观点的学者认为：认知任务的完成主要依赖于对感觉运动资源的运用，认知过程完全是以身体为基础的。根据这一观点，人类认知系统的感知和运动系统的发展主要是为了适应离线认知的需求。在完成某个特定的认知任务时，利用感觉运动资源来对当时缺乏的信息进行心理表征（Wilson，2002），在当时当地信息缺乏的情况下进行认知加工即为离线具身。当与外界物体发生相互作用时，大脑会通过感觉通道捕捉到神经活动，将该神经活动作为一个知觉符号，并将这些符号整合进相关的多个感觉表征通道。后期在执行认知任务时，一旦需要调用先前的经验，那么多通道中存储的表征将被激活，用来模拟当时的体验（Barsalou，1999）。

（二）以认知的情境性为基础——关注于认知的情境互动的在线具身

这一研究方向的研究人员根据具身认知情境性的基本特点，强调环境以及与环境相互作用的重要性。该方向强调认知是一种情境化活动，认知过程发生于身体、环境以及与其他客体之间瞬间的相互作用（Chiel et al.，1997；Semin et al.，2012；Smith et al.，2004，2007）。由于任何人都不可能脱离环境作为纯粹的独立个体而存在，因此根据这一观点，认知加工过程必然持续不断地收到外界环境的影响，在不断接收外界信息的同时向运动系统发出指令信号以应对外界环境的变化。据此而言，认知系统的核心目的就是完成现实世界中的在线认知任务。这种在线情境认知要求人们能够在一定的时间压力下对环境信息快速规划并做出反应。为了能够保证认知的效率，人们学会将部分信息从自己的认知系统中卸载，存储于环境之中，当加工需要时再从环境中提取，这样能够有效管理自己的心理负荷（Kirsh et al.，1994）。根据具身认知的这一观点，人们充分利用外界资源用以存储和操控内部认知加工过程中的信息，而不是依赖自身的心理资源。Wilson将之命名为"卸载策略"（off-loading strategy）（Wilson，2002），这种策略的使用往往不是有意而为之，而是很随意地自发产生，如人们利用手势来表征认知加工过程中的一些信息，或者直接用于表达某些信息。

（三）以实体或实体关系为基础——关注于认知联结的特殊具身

第三种研究方向聚焦于联结的具身认知。此类研究人员将"联结"（grounding）视作认知的核心（Barsalou，2008，2010）。所谓"联结"，是指内部认知过程需要与真实物理世界的具体参照物相关联，这一观点可以借助语言理解过程来说明（Glenberg et al.，2002）。当主体前期学习的大部分内容能够与具体词汇、物体、行为等的表征建立"联结"，近期学习的内容则是为解释这些抽象概念的联结提供证明（Flusberg et al.，2010）。博尔吉等人（Borghi et al.，2011）认为：即便抽象概念无法与单一具体事物建立联结，但可以与两个不同事物之间的关系建立联结。这种认知联结的观点特别强调：认知过程可以通过多种方式建立联结，如刺激、情境行为、身体状态等。因此，这种具身认知观点中并不强调身体的参与，这与一般意义上的具身认知存在较为明显的区别（Barsalou，2008，2010）。当然，也有许多学者并不赞同这种观点，他们认为所谓的联结认知和具身认知完全是两个概念，应加以区分研究，而不是混为一谈（Borghi et al.，2013；Pezzulo et al.，2011）。

二、具身认知理论与学习行为研究的结合

（一）具身操作影响学习行为研究的前身——动作记忆研究

在将具身认知理论引入学习行为研究之前，人们很早就发现：如果学习以视觉或听觉形式呈现的动名词短语并伴随相应的动作执行，其记忆

效果要显著优于语词任务（verbal task，VT）条件下的记忆效果（Cohen，1981，1989），研究人员将其称为"SPT"效应（Subject Performed Tasks，"SPT" Effect）。由于此概念形成较早，因此对于这一现象的分析仍然是从第一代认知科学的信息加工角度探讨动作记忆对任务促进作用的原因，未能将其与具身认知理论的研究进行关联。后期仍有学者对SPT效应使用"动作记忆"的概念进行后续研究，探索其产生原因及作用机制，成为并行于具身认知理论研究的一个平行研究方向，但研究数量大大少于具身研究，主要是从事运动体育领域的学者涉及（Garcia et al.，1997；Li et al.，2015；Li et al.，2015；Phillips et al.，1992；Senkfor et al.，2006；谢国栋，2006，2007）。根据现有研究，分析SPT效应产生的原因，包括多通道加工理论、动作编码理论、情境整合理论等，上述解释理论在一定程度上也说明了动作记忆的具身性实质。

由贝克曼和尼尔松（Bäckman and Nilsson，1984，1986，1991）提出的多通道加工理论认为，操作条件下编码因素的多元性和丰富性是产生操作效应的主要原因。多元性是指，在操作任务中，除了视觉、听觉通道被激活以外，还有触觉通道，甚至在某些特定的操作任务（如闻香水、摸冰块、击打桌面）中，嗅觉、温觉以及痛觉等感觉通道也被激活。然而，语言材料一般是以单通道（视觉或听觉）或双通道（视觉和听觉）的形式呈现的，不涉及物体的呈现，这就限制了个体对物体各项属性的感知。丰富性是指，相较于VT条件下的项目，在每一个加工通道中，SPT条件下的项目包含了更为丰富、生动形象的信息。例如，除了文字指令中的语言属性之外，还有与操作任务中个别对象相关的动作、颜色、重量、形状、质地、声音等信息。相比之下，VT条件下的语词材料仅包含语义、语音、字形等属性，由此产生了SPT效应。该理论诠释与具身操作的通道强化诠释假说具有相似之处，即主体运用了包括视觉、听觉、触觉、嗅觉、温觉以及痛觉等感觉通道进行多通道表征编码，通过通道效应强化学习记忆效果。

此外，恩格尔坎普和齐默（Engelkamp and Zimmer，1984）提出了"动作编码理论"，认为在操作学习条件下，不仅仅存在言语编码和表象编码，而且也会有动作编码的加入。相对于言语和表象编码而言，动作编码的参与增强了项目的具体性加工，因此是产生SPT效应的关键。他们认为动作、言语以及表象编码相互独立，个体对动作、言语以及表象的加工拥有不同的编码、表征形式以及不同的加工系统。对于一个物理刺激的呈现，只会自动激活相应的感觉通道系统，但个体可以根据指导语有选择地激活其他感觉通道系统。这一解释与具身操作中通道强化的多通道表征存储也存在相似之处，所不同的是，多通道涉及多个感觉系统，而此处则是动作运动系统的参与。这种参与正如具身理论研究中所强调的，感觉运动系统的加入一方面可以增加表征的通道，降低主体的认知负荷，另一方面也可能借此实现加工信息的环境存储功能。

科尔米-努里（Kormi-Nouri，1995）提出了情景整合理论，认为操作效应的产生是因为操作过程中增加了自我卷入的程度。良好的自我卷入使得个体在操作时能更好地意识到操作的动作，正是操作过程将动作（SPT项目中的动词）和操作对象（SPT项目中的名词）整合在一起，就像"胶水"一样将动作的各个部分黏合在一起，形成一个统一的记忆单元或相互联系紧密的结合体，使记忆的痕迹相对于语词条件下更为明显，且在回忆或再认时能提取更多的项目。

（二）具身操作与学习行为的结合

随着具身认知观点逐步为学界所接受，越来越多不同领域的学者从各自的学科视角介入到具身认知的研究中，分别探索并解析具身认知的实质及其价值所在。雷科夫等人发现，人们经常使用源自身体体验的隐喻来表征或构建抽象的概念知识（Lakoff，1993；Lakoff et al.，1999）。语言学家则从语言理解的角度界定具身的作用：身体动作能够对语言理解产生影响和干扰，尤其是动词句式的理解效果直接受到身体运动状态的影响——当动词句式所隐含的动作方向与主体实际动作方向相一致时，能够促进句子理解；相反，则会导致句子理解的速度变慢（Glenberg et al.，2002）。在诸多研究中，目前数量最多且具备一定实践价值的研究，是心理学和教育学者从具身角度分析学习行为，尝试寻找具身与学习行为的结合点。

目前，具身操作与学习行为相结合的研究，绝大部分采用将某一特定的具身操作引入具体的认知过程或学习行为中的思路，通过实验研究考察其对认知或学习活动效果的影响。例如，前文所述以学习过程中的记忆为研究对象，探索记忆的具身效应，结果发现，竖直坐姿的抑郁症患者积极回忆更多，消极回忆更少，而低垂坐姿的被试则积极和消极回忆相对平均（Michalak et al.，2014）。同样以学习过程中的记忆为研究对象，德国研究人员进行了一项对照实验，让被试学习由意大利语音结构组成的语词库里抽取的32个抽象句子，其中16个句子让被试纯粹进行语音学习，而另外16个句子在语音学习的同时配合辅助象征性的动作。被试总共学习6天，每天通过不同的测试检验学习效果的好坏。实验结果证明，伴随动作的抽象句子的记忆效果明显优于纯粹的语音练习（Macedonia et al.，2011）。总体而言，在学习过程中加入特定的具身操作对于个体的学习能够产生一定的作用，这种作用可能是促进，也可能是抑制。作用的差异在于具身动作的性质与学习过程的趋势是否一致，如果一致则产生促进的作用，如果不一致则产生抑制的作用。有实证研究证明，对于句子理解过程，并不涉及抽象的、模块化的心理表征的激活，而是激活了感知觉和运动神经体验痕迹。纯粹的视觉信息能够引发具身化的动作模拟，当学习者所学习的句子与动作模拟的趋势方向一致时，能够引发个体自身的运动共鸣，从而对个体的句子理解过程产生积极的调节作用（Rolf et al.，2006）。

上述实验证明，具身操作对于记忆可能同时存在积极或消极的影响，而记忆本身是学习中的一个环节，其效果直接影响学习效果。可以据此推断：特定的具身操作同样能够对学习或认知活动产生促进或阻碍的作用。后期的大量实证研究也确实证明了这一推断。研究涉及了各种不同的学习内容与学习方式，如语言学习、体育运动学习、一般学科学习等。在这些学习行为过程中加入特定的具身操作，都会对学习效果产生一定影响，但是具体影响程度则因人而异，因为具身效应的个体差异相对比较大（Rueschemeyer et al., 2009）。

三、具身操作影响学习效果的理论诠释

从现有研究来看，具身操作影响认知或学习效果已是一个毋庸置疑的事实。那么，具身操作究竟是如何产生影响的呢？现有的研究支持了两种理论的诠释假说。

（一）具身情绪唤醒假说

具身情绪的缘起最早可追溯至詹姆斯（James，1884）和兰格（Lange，1885）分别提出的情绪外周理论。该理论认为，情绪是对外界事物所引起的身体变化的感知。他们认为，人类是因为哭泣才感到悲伤，也就是说人类的悲伤是由哭泣这一行为所导致的，即情绪就是对身体变化的知觉（Vance，2013）。该理论首次深刻揭示了身体与情绪之间的密切联系，阐述了情绪的具身性内涵。西方近代哲学史中重要的理性主义者斯宾诺莎（Spinoza）认为，通过情绪，人类能够理解身体的变化、身体自身行动的力量，以及有关身体变化的概念。这些概念或得到增强，或被减弱，或得到帮助，或被阻碍（Gilles，1988）。这在一定程度上说明了具身对于认知和学习活动的作用。相对于具身操作而言，具身情绪更无法脱离人的身体。如果说当前每秒运算速度达到数千亿次的人工智能还存在什么缺陷的话，那就是其脱离了身体独立存在的认知加工过程无法模拟人类的情绪。由于情绪无法脱离身体，并且受身体状态的控制，因此当某些特定的具身操作出现时，就会对情绪产生影响。例如，让主体的面部保持特定的具身操作活动状态，可以调节（modulate）和激活（initiate）某些情绪状态

（McIntosh，1996）。除了面部肌肉活动这种具身操作会影响情绪体验，研究发现，躯体活动、躯体姿势以及声音韵律和语调等感觉反馈也影响着个体的情绪体验（Heberlein et al.，2009），这种情绪体验继而能够影响人类的决策行为。贝沙拉（Bechara，2004）研究发现，腹内侧前额叶损伤会使个体无法处理情境中包含的延迟性和即时性的奖赏或惩罚，其选择更多地基于直觉或猜测。该研究认为，决策不仅仅是对事件结果及其发生可能性的纯粹运算，而且是由情绪信号（即躯体状态）所引导的，有时甚至主要是由躯体状态所决定的。因为腹内侧前额叶的损伤干扰了对躯体状态或情绪信号的正常加工，从而损害了个体的决策能力。

由此可以推断，具身操作对于认知和学习任务的促进或阻碍作用，源自其对躯体情绪的唤醒。此外，部分具身操作本身带有一定的消极或积极情绪的含义。参照耶克斯-多德森定律（Prasad，2004），当个体的情绪处于积极状态且强度适中时，可能有助于学习和认知任务的完成；反之，则可能产生阻碍作用。因此，上述实验中被试采取竖直坐姿的具身操作引发了个体积极的情绪体验，进而带来了积极的回忆，并且回忆效果良好。

（二）具身通道强化假说

相关实验研究表明（Bender et al.，2012；Lan et al.，2015），许多既不能引发主体情绪状态，也不具备情绪含义的具身操作同样能够有效地促进或阻碍学习者的学习效果以及完成某些认知活动。例如，上述德国研究人员进行的意大利语音结构学习的实验研究表明：伴随动作的抽象句子的记忆效果明显优于纯粹的语音练习。因此，在这种情况下，具身操作对学习任务的促进作用已无法用"具身情绪唤醒"理论假说来解释，因此将问题转向具身认知研究中的"多个感觉表征通道"以及"卸载策略"（off-loading strategy）——即将部分信息从自身的认知系统中卸载，存储于环境之中，当加工需要时再从环境中提取（Wilson，2002）。

通过仔细分析这两个方向的研究能够发现：首先，中性的、无法引发情绪状态的具身操作同样能够促使感觉运动系统直接参与到认知加工过程中，利用感觉运动通道对需要加工的信息进行表征和存储，进而促进学习或认知活动。其作用原理在于感觉运动通道参与信息的表征与存储，一方面能够降低认知加工过程中的内部认知负荷，将其转移至其他通道分担，这称为"通道效应"，即指同时利用两个通道呈现不同形式的信息，其学习效果要好于仅利用单一通道呈现（Leahy et al., 2003）。穆萨维（Mousavi）等人将学生分为两组，学习解决同样的几何问题：第一组以视觉形式呈现几何问题及其证明过程；第二组以视觉形式呈现几何问题，以听觉形式呈现证明过程。结果表明，与第一种条件相比，学生在第二种条件下解决问题所用的时间更短（Mousavi et al., 1995）。这是因为工作记忆中听觉加工和视觉加工是相对独立的，当利用两个通道呈现图形和文本信息时，可以减少视觉或听觉单一通道加工信息的认知负荷，从而促进学习。另一方面，采用多通道能够强化表征和存储的效果，提升主体对认知活动的理解，同时防止认知加工过程中信息的丢失，简单来说，可以视为增加了一个"存储备份"。当然，上述对于学习或认知活动的促进作用，前提条件是具身操作的动作与所表征信息的趋势相一致，否则会产生冲突效应，同样会阻碍学习或认知活动。

其次，主体在执行认知活动过程中有可能采取"卸载策略"，这种策略本质上也是通过减少信息的认知负荷量来降低认知负荷，从而促进学习或认知活动的效果。在这一过程中，主体需要将暂时不用的信息存储于环境之中，但此时并非将相关信息抛弃，当认知加工需要时，仍然要将这些信息从环境中提取回来。因此，主体需要保留一定的提取线索，执行具身操作便是对暂时"卸载"信息提取线索的表征。具身操作对于提取线索的有效表征能够保证认知加工过程中信息的顺利存储与正常提取使用。参照第一个问题，必须保证具身操作动作的性质、趋势与所卸载信息一致或相似，才能促进学习或认知加工过程，否则表征不清、相互冲突则会对学习或认知活动产生阻碍，这也是具身操作产生阻碍的原因。

四、具身操作——提高主体相关认知负荷

学习策略的根本目的在于提高学习效率，增强学习效果。根据上述具身操作与学习行为相结合的研究结果以及理论的诠释假说，具身操作无疑是一种能够提高认知或学习效率、加深学习效果的方法、技巧及调控方式。常见的具身操作包括"手"的使用和"躯体"动作两种常见方式。有研究者通过比较学习者在学习几何图形过程中，利用手指滑动临摹图形的方式来考察学习效果。实验证实了这种手势的参与临摹在处理工作记忆的信息过程中具有非常理想的效果，确实能够通过手指滑动临摹几何结构图形来降低内在认知负荷，从而提升学习效果（Bender et al., 2012；Hu et al., 2015）。

具身操作在语言学习和交流过程中也较为常见。研究人员认为：人类自然语言的出现基于一系列原始语言动作，包括原始的身体动作与手势，在此基础上逐步融合了语音要素才形成现代语言（Treffner et al., 2002）。这就是为什么很多时候即使双方语言不通，也能够进行简单交流，主要就是借助了一系列手势和身体动作。相关实验证明：当语言所表达的含义与手势和身体动作一致时，反应时减少，加工速度更快（Taylor et al., 2009）。因此，可以认为在语言理解过程中存在较为明显的具身性，手势动作等加快了主体对于语义的理解和加工（Hauk et al., 2004），而且这种具身性在音位、单词、句子和语篇的运用过程中都有体现（曲方炳 等，2012）。亦有研究人员对此类能够促进学习效果的具身操作进行了研究（Price et al., 2016；施弈丞，2015；许修豪，2014）。

大量研究表明，某种特定的具身操作能够有效促进学习效果（Bender et al., 2012；Hu et al., 2015；施弈丞，2015；许修豪，2014）。具身操作之所以能够对学习或认知活动发挥促进作用，主要有以下几个原因：第一，身体动作加强了主体的认知加工过程，即具身操作充分利用主体自己的身体，积极参与到具体的学习和认知任务过程中，借此增强学习效果，

提高学习效率，即产生了相关认知负荷。第二，具身操作提供了学习线索，增强了学习动机或情感，或者与学习内容相匹配，从认知负荷角度而言，这同样是增加了相关认知负荷。第三，根据具身操作产生作用的"具身通道强化"假说：多通道的参与降低了单一通道的工作记忆内容，由此降低了内在认知负荷。如果外在认知负荷不变，且工作记忆总量不变，则有剩余资源促使相关认知负荷的升高，从而提高学习效果。第四，借助于动作记忆理论中的情景整合（episodic integration）理论的诠释——认为动作操作产生效果是因为操作过程中增加了自我卷入（self-involvement）程度。这种"自我卷入"既提高了主体的参与程度，本身也可以视为增加了相关认知负荷。自我卷入程度越高，学习者在工作记忆中会主动加入更多有意识的认知加工（如重组、抽象、归纳、比较和推理等），或者更主动地设计一些认知加工活动（Kalyuga, 2010; Paas et al., 2003; Sweller et al., 1998），包括采用自我提问、自我解释在内的各种措施，从而增加相关认知负荷。从具身发生作用的"情绪唤醒"理论角度来看，也强调主体的主动性参与，即为主体的良好自我卷入，也就是具身操作促使主体积极主动地进行认知加工，提高了相关认知负荷。

最近关于语言教学和学习过程中加入身体动作和手势的相关研究——即具身化的学习策略，取得了实证性的结果。例如，在一项长达14个月的研究中，研究人员让控制组学生采用听、阅读、说三种传统学习方式学习并记忆36个外语单词，而实验组除了采用以上三种方式外，还加入了与单词含义相同的象征性动作。结果发现，实验组在单词识记速度和效果上都明显优于控制组（Macedonia et al., 2014）。其他相关研究也都表明：人类语言的具身性特征使得具身操作，即通过一定的身体动作和手势，能够有效促进语言教学和学习的效果（Boufoy-Bastick, 2007; Lan et al., 2015; Lan et al., 2015; Repetto et al., 2017; Tellier, 2008; Venezia et al., 2010）。因此，具身操作是语言教学和学习过程中一种较为有效地提高相关认知负荷、促进学习效果的手段。但是这种具身操作要在语言教学和学习中发挥作用，必须满足一定的条件，即对身体动作和手势有相应的要求：第一，手势必须是有意义的动作，而非无意义或与语义不一致的动作；第二，手势必须是自发的，而非被动的；第三，手势和语义编码必须具有时间同步性；第四，手势动作和语言材料的匹配性，当语言材料与动作高度匹配时，促进作用最为显著；第五，手势动作必须简单、明确，过于复杂的动作反而会阻碍学习效果。

综合上述关于具身认知理论与学习行为的相关研究不难发现：特定的具身操作对于学习和认知任务能够起到促进作用，这种促进本质上是由于具身操作作为相关认知负荷的介入，使得主体的认知负荷状态发生了改变。它提高了主体的参与度和主动性，加大了认知加工的深度，这与人们采用学习策略以提高学习和认知任务完成效率在本质上是一致的。因此，具身操作是一种相关认知负荷，通过相关认知负荷的调整，从而对学习行为产生积极的促进作用。

上述研究都考察了具身操作对具体学习行为和认知活动的影响。如果将学习策略本身视为一种认知活动，具身操作是否能够对学习策略的运用本身产生影响？产生何种影响？目前尚无相关研究进行探讨。由此明确本书研究的两个考察主题，即在外在认知负荷与相关认知负荷之下，学习策略的运用效果。

第六章 关于当前相关研究主题的评述

一、策略运用的研究集中关注于执行与选择

根据上文对策略研究文献的梳理，从事物发生发展的动态角度来看，策略的运用可以分三个角度进行考察：第一是策略执行；第二是策略选择；第三是策略转换。相应地，影响策略运用的因素以及具体策略的作用也应该与这三个角度相匹配。这里的影响策略运用的因素和具体策略的作用同时包括促进与阻碍两个方面。然而，根据文献综述部分不难发现，在学习策略运用的相关研究中，大部分研究仅选择其中某一个角度作为考察点，如策略执行、策略选择或策略转换。因此，现有的研究范围相对较为狭窄，尤其是在具体策略研究方面，情况更是如此——即策略运用研究缺乏系统性。

例如，研究人员利用算术学习中的估算策略来考察策略的运用（Alajmi, 2009; Brade, 2003; Dowker, 2005; Peeters et al., 2016; Schunn et al., 2001; Slusser et al., 2013）。这些研究主要集中于考察个

体在算术任务中对估算策略的使用情况，即关注策略执行的过程。但是研究者认为，单纯考察估算策略的执行，并不能全面反映策略运用的实际情况。如上文所述，在策略的运用过程中，个体会受到诸多因素的影响，而且根据策略运用的不同阶段，影响也会有所不同。因此，如何考察策略的实际运用情况成为一个较为复杂的问题，不能也不应仅针对单一情境或单一策略运用阶段进行研究。因为学习策略的运用所面临的任务往往较为复杂，可能在一个学习或认知任务中包含多个子任务或步骤，其中可能涉及多种策略的选择与执行，尤其是还包括在不同策略之间的转换。为了达成学习或认知任务，个体在完成各种认知任务时，必须根据情境的需要改变所使用的策略，进行策略转换。因此，在策略运用中还应当包括策略转换的环节。所谓策略转换，即当具体任务发生改变时，个体能够灵活、快速地从先前已激活并执行的策略中摆脱出来，转而采用更适合于完成当前任务的新策略（Ardiale et al.，2012；Luwel et al.，2009）。

因此，本书认为，对于具体策略及其影响因素的研究，应该从策略执行、策略选择和策略转换三个角度进行系统考察。

二、认知负荷对于策略影响的研究未能区分负荷类别

通过对相关文献的梳理可以明确，认知负荷的调整和学习策略的运用都会影响学习效果或认知任务的完成，而且学习策略的运用也会影响认知负荷的状态。那么，是否能够明确认知负荷的调整也会反向对学习策略的运用产生影响，即个体已有的认知资源状态及其水平也会对策略的运用产生影响，从而促进或阻碍策略运用的效果。目前国内外关于策略问题和认知负荷的大量研究中对此已有所涉及，但为数不多的相关研究主要集中于关注工作记忆或整体认知负荷的概念，并未区分外在认知负荷、内在认知负荷以及相关认知负荷的不同负荷来源，且大多研究仅关注"策略适应性"问题中的策略选择和策略执行情况（Alsina et al.，2004；Duverne，

2007；Duverne et al., 2008；Imbo et al., 2007；Ramirez et al., 2016；丁晓 等, 2017；司继伟 等, 2012；司继伟 等, 2016；张堂正, 2016）。因此，关于认知负荷对学习策略影响的研究尚不完整。

关于认知负荷的已有研究成果表明：外在认知负荷、内在认知负荷及相关认知负荷及其不同负荷状态对认知任务的完成或具体学习行为的影响存在显著差异。通常，较高的外在认知负荷和内在认知负荷会降低学习的效率，影响学习效果，因此研究人员常通过学习策略来努力降低这两种负荷；而相关认知负荷则恰恰相反，较高的相关认知负荷能够促进学习的主动进行，提升学习效率，增强学习效果（Chang, 2006；Graesser et al., 2012；Jian, 2016；Mctigue, 2009；Sweller, 1994；Sweller et al., 1994）。因此，对于认知负荷影响策略运用的研究同样也应区分三种不同的认知负荷及其状态，即外在认知负荷和内在认知负荷、相关认知负荷对学习策略运用的影响。结合当前策略运用研究的不足，研究者认为，完整的策略运用不仅包括策略选择和策略执行，还应包括策略转换（Ardiale et al., 2012；Lemaire et al., 2010；Taillan et al., 2015），这是策略运用研究中的一个重要主题。因此，完整地研究认知负荷对策略运用的影响，应分别探讨三种不同认知负荷（外在认知负荷、内在认知负荷、相关认知负荷）对策略运用（包括策略选择、策略执行、策略转换）的影响。鉴于内在认知负荷相对稳定，且缺乏实际调节的可能性，本书集中于研究外在认知负荷对策略运用的影响上。

三、具身操作的相关研究未涉及策略的运用

第二代认知科学——"具身认知"观点的提出，开辟了一个全新的研究领域，重新界定着身体、认知和世界之间的关系，因此对于学习策略的研究也应重新加以审视。该理论所遵循的一个基本原则是：人类的认知源自身体的感觉运动系统与环境的互动（Barsalou, 2008；Wilson,

2002）。目前，具身认知与学习领域的结合研究呈现出两种主要趋势与方向。第一是具身操作对认知或学习行为效果的影响。在这一类研究中，研究人员将某一特定的具身操作引入具体的学习过程或学习行为中，考察其对学习效果的影响。例如，以学习过程中的记忆为研究对象，探索身体姿态对记忆效果的影响，实验结果表明，积极的具身操作有助于提升记忆效果（Michalak et al., 2014）。这在一定程度上也是对学习行为的分析，因为记忆效果直接影响学习成效，可见具身操作是影响学习行为的重要手段之一（Price et al., 2016；施弈丞，2015；许修豪，2014）。这就是当前的第二类研究趋势——目标直接定位在寻找和发现能够促进认知或学习行为效果的具身操作。基于上述两种趋势的研究数量众多，但时至今日，由于具身认知本身未能形成一个统一的理论体系，因此相关研究仍缺乏系统性（Barsalou，2010）。

但从目前的研究现状来看，无论哪种趋势的研究都未探讨具身认知和学习策略之间的关系或影响。即具身操作能够在一定程度上改变认知和学习任务的绩效，或促进或阻碍，但具身操作是否也会对具体学习策略的运用（执行、选择、转换）产生影响，或促进或阻碍，尚无相关文献研究予以回应，所以对于具身认知与学习策略之间的关系仍存在研究空白。

综上所述，当前的研究仍存在一定缺陷：一方面，缺乏（外在认知负荷、内在认知负荷及相关认知负荷）对策略运用（策略执行、策略选择、策略转换）影响的系统性研究；另一方面，具身操作对策略运用的影响也尚未得到充分探讨。

下篇　学习策略与认知负荷的研究整合

在知识爆炸的时代，如何提升学习效率成为教育领域永恒的命题。学习策略作为优化认知活动的核心手段，与认知负荷理论的交织碰撞，正逐渐揭开人类高效学习的神秘面纱。当深入探究学习者在不同任务中的策略选择、执行与转换时，一个关键问题浮出水面：个体的认知负荷状态是否会成为策略运用的"隐形推手"或"拦路虎"？具身认知这一新兴理论的加入，又将如何改写这场认知活动的规则？本书将以一项融合多学科视角的实证研究为切入点，追溯其理论渊源，解析现实诉求，展现研究者如何在理论与实践的双重驱动下，构建起学习策略、认知负荷与具身操作的整合研究框架。

认知负荷理论自诞生以来，犹如一位严苛的"资源管家"，时刻监控着人类认知活动的"能量消耗"。其核心观点认为，工作记忆作为有限的认知资源容器，承载着个体完成学习任务的全部负荷，包括内在认知负荷（任务本身难度）、外在认知负荷（无关干扰）和相关认知负荷（促进理解的深加工）。早期研究已揭示，策略的使用犹如一把"双刃剑"——合理的策略可降低外在和内在负荷，释放更多资源用于知识建构；反之，不当的策略选择则可能加剧负荷，导致认知过载。例如，中央执行系统作为工作记忆的"指挥官"，其功能强弱直接影响策略执行的流畅性，这暗示着认知负荷与策略运用之间存在着微妙的因果链：负荷状态可能调控策略的选择、执行与转换，而策略的有效性又反作用于负荷水平。

具身认知理论的兴起，犹如为认知研究注入了一股鲜活的"身体力量"。该理论打破了"身心二元论"的传统桎梏，提出认知并非局限于大脑的"颅内革命"，而是通过身体动作、感知觉与环境的互动得以延伸和拓展。例如，具身操作的"情绪唤醒假说"指出：特定手势或肢体动作可通过激活情绪中枢，间接提升认知任务表现；"通道强化假说"则强调，多模态感知的协同作用能增强信息编码的深度。然而，当具身操作遇见学习策略，二者的反应尚未明了：具身操作能否作为一种特殊的"负荷调节器"，通过调整认知资源分配，优化策略运用的效率？这一问题的答案，不仅关乎理论体系的完整性，更指向实际教学中"身体参与"的可行性边界。

学习策略研究历经数十年发展，已形成庞杂的理论丛林。从认知策略（如复述、精加工）到元认知策略（计划、监控、调节），研究者围绕策略的影响因素展开了广泛探索。早期研究将焦点集中于内部因素（如动机、元认知水平）与外部因素（如学习材料、教师指导），却鲜少关注认知负荷这一动态变量。随着具身化研究浪潮的兴起，学界逐渐意识到，策略运用并非孤立的心理过程，而是嵌入于具身情境与负荷状态的复杂系统。例如，估算策略作为日常生活中高频使用的认知技能，其有效性不仅受制于任务特征（如数字范围、精度要求），更与个体的工作记忆容量、认知风格密切相关。然而，现有研究对策略在不同负荷状态下的"适应性表现"缺乏系统考察，具身操作的介入效应更是亟待填补的研究空白。

在课堂教学的微观场景中，认知负荷与策略运用的矛盾无处不在。教师精心设计的探究式学习任务，可能因外在负荷（如冗余信息呈现）过高，导致学生陷入"策略瘫痪"——虽掌握多种解题策略，却因无法有效切换而效率低下；看似简单的记忆任务，也可能因内在负荷（如材料关联性弱）过强，迫使学生依赖机械复述，错失策略优化的契机。现实中，学生常面临"策略知道却不会用""用了却没效果"的困境，其根源或许在于：策略的选择与执行未能与个体的实时负荷状态精准匹配。

具身操作的教育应用虽已崭露头角，但其效果的"个体差异性"仍存在疑问。例如，同一套手势训练方案，在部分学生中可显著提升单词记忆效率，在另一部分学生中却未能产生预期效果。这种差异背后，可能隐藏着策略偏好与具身效应的深层关联：偏好分析型策略的学生，可能更受益于结构化的具身引导；而直觉型学习者或许能在自由肢体互动中激活更多策略灵感。此外，教育实践中普遍存在"具身形式化"现象——为具身而具身的设计，不仅未能触及认知负荷调节的核心，反而可能增加额外的操作负荷，进一步侵蚀有限的认知资源。

估算策略作为数学学习的基础技能，其研究价值超越了学科边界。现实中，从最简单的菜场买菜估价到复杂的工程预算的快速核算，精准而高效的估算能力是个体适应现代生活的必备素养。然而，现有研究对估算策略的认知机制仍停留在"行为描述"层面：不同年龄、认知水平的个体如何选择估算策略？负荷状态是否会导致策略选择的"保守化"（如倾向简单但精度低的策略）？具身操作能否通过强化数字感知（如手指表征数量），提升估算的准确性与灵活性？这些问题的解答，不仅能完善估算策略的理论模型，更可为数学教育中的"数感培养"提供实证依据。

基于理论与现实的双重诉求，本书研究确立了"外在认知负荷及具身操作对策略运用的影响及其与人格的关系"这一核心命题，试图通过三重突破构建研究框架：

● 变量解构：从单一负荷到多维交互

研究首次将外在认知负荷（通过双任务范式操纵）与具身操作（书空、书写等动作）作为自变量，以策略执行、选择、转换的速度与准确性为因变量，同时引入大五人格特质作为调节变量。这一设计打破了传统研究"单变量孤立考察"的局限，揭示负荷、具身与人格在策略运用中的交互机制。例如，高负荷状态下，具身操作对策略转换的促进效应可能仅在特定人格群体（如高开放性个体）中显著，而在低开放性个体中反而成为负担。

● 方法创新：实验范式的精细化设计

为精准捕捉负荷与策略的动态关系，研究采用了一系列创新性实验手段：

双重任务范式的改良：将传统数字干扰任务升级为无意义英文单词再认，避免与估算任务的数字加工产生干扰，并通过预实验优化字母串长度（3个 vs 6个），确保高低负荷的有效性。

策略操作的标准化：以估算策略为载体，明确界定"混合舍入策略"（UD策略与DU策略）的操作流程，通过控制乘数十位与个位的数值范围，确保任务难度的均衡性。

具身操作的分层设计：区分"书空"（无触觉反馈）与"书写"（有触觉反馈）两种具身形式，系统比较不同强度的具身操作对负荷调节的差异。

● 群体拓展：从策略偏好到人格特质的深度挖掘

研究发现，被试群体中存在显著的策略选择偏好（偏好DU、偏好UD、最佳选择），且这种偏好与大五人格的宜人性维度密切相关。例如，宜人性较高的个体更倾向于选择较难的DU策略，可能因其更具任务耐受性；而最佳选择群体则展现出更高的认知灵活性，这与其开放性人格特质显著相关。这一发现为"个性化策略教学"提供了新视角：教师可通过人格评估预判学生的策略偏好，进而匹配具身操作方案，实现"负荷—策略—人格"的精准适配。

第七章　整合研究的问题、目标与思路

一、研究整合问题的提出背景

（一）理论发展与整合的需求

1. 学习策略与认知负荷理论的关联

理论研究与实证研究均表明：策略的使用会导致主体认知负荷状态的变化，从而影响学习或认知效果。因此，从理论上可以推论：个体已有的认知负荷状态，或对认知负荷状态进行调整，可能会影响策略的执行、选择及转换等一系列策略运用行为，进而促进或阻碍策略的有效实施。部分研究已从中央执行系统的角度切入，探讨认知负荷的核心问题——工作记忆，并认为其与策略的执行和选择存在关联。因此，有必要系统地探究认知负荷对学习策略运用的影响。因为认知负荷是个体在完成任何学习任务或认知活动时必然具备的状态，具有不可回避性。如果能够对个体的认知负荷状态进行主动控制与调整，从而提升策略运用的有效性，将有助于实现策略运用的最初目的——使学习活动事半功倍。

2. 关于具身认知理论与学习策略的关联

根据具身认知的研究发现，特定的具身操作对于学习和认知任务具有促进作用。具身操作的情绪唤醒假说与通道强化假说，以及早期动作记忆（SPT）中"情境整合"理论的诠释，都能为具身操作对学习行为的促进作用做出很好的解释，即具身操作可作为一种相关认知负荷，通过调整认知负荷状态来促进学习和认知活动。而学习策略本身也是一种认知活动，具身操作同样应对其产生影响，但目前尚无相关研究对此进行探讨，因此需要从理论上进一步探讨具身操作对学习策略的影响。

认知负荷理论、具身认知理论以及学习策略研究，从研究现状来看，三者之间虽有联系，但各自相对独立成体系。认知负荷理论与学习理论存在关联，而具身认知理论与学习理论同样存在关联，但具身认知与认知负荷理论之间并无直接联系。随着时代的发展，推动三者进一步融合是理论发展的必然趋势，符合学术研究的发展方向。

（二）整合问题研究的现实价值

1. 学习策略自身研究的需要

国内外关于学习策略影响因素的研究主要从两个方面展开：第一，从影响学习策略的因素性质分类，包括内部因素和外部因素两大类。其中，内部因素又可细分为背景变量与自我变量，背景变量研究主要集中在人口学特征、学业成就、知识水平等方面，而自我变量包括动机、情感、人格以及元认知等方面；外部因素研究主要集中在学习材料、教师因素、学习环境、练习程序等方面。总体而言，内部因素和外部因素包括问题情境、主体因素、任务特征及策略特征四个方面。第二，从认知负荷的角度分析影响学习策略效果的各种因素。现有研究多将主要影响因素划分为个体因素和外部因素两大类，但所有研究都未将具身操作作为影响学习策略的重要考察因素之一。当前相关研究呈现出明显的具身化趋势，因此从现实层

第七章　整合研究的问题、目标与思路

面来看，需要将具身操作对学习策略的影响纳入研究范畴。

2.考察具身操作与学习研究的需要

目前已有大量关于具身操作对学习过程或具体学习行为影响的研究，并分析其对学习任务和认知活动的具体促进或阻碍作用。但是对于具身操作是否会对即将使用的学习策略产生作用，尚不明确。如果确实存在影响，那么在实际操作中将扩大影响学习策略的因素范围。但从已有研究来看，并非所有的具身操作都能产生促进作用，也有可能产生一定的反作用。具身操作对学习和认知任务的促进作用有一定的条件要求。因此，在推广和应用学习策略时，为保证其效果，应将具身因素及其相关影响纳入考虑范围。因此从这一度来看，需要研究具身操作因素，甚至是影响具身因素的变量对传统学习策略的影响。

3.通过具身操作调控认知负荷的需要

已有研究表明，通过使用一定的策略可以改变主体的认知负荷状态，或升高或降低（Shehab et al.，2015）。本书通过论证认知负荷状态的高低与学习策略之间的关系，以及认知负荷的高低对策略运用的影响，进一步探讨其内在机制。如果最终研究结果证明假设成立，那么将从新的角度考察影响策略运用的因素，使学习者或教学者能够在学习或教学过程中尽量避免不利于策略运用的某种负荷状态。但是这种被动应对的方式并非最理想的效果，应尝试寻找一种操作简单，并且能够产生实际作用的方式来调控认知负荷状态。因此，现实中需要通过具身操作这种方式对认知负荷状态进行主动调整，从而促进学习策略的有效运用，最大限度地降低认知负荷带来的负面效应。

4.估算策略研究的需要

本书的研究将以估算策略作为策略运用的考察对象，所谓估算，即不通过实际运算而找出与算术题正确结果最接近的答案（Lemaire et al.，2004）。该过程需要协调两种认知活动：①判断并选择最近似的数字来代替原算术数字；②采用心算的方法快速计算出替代数字的算术题答案（Case et al., 1990）。这是人们在日常学习、工作和生活中最常用的一种计算方法，主要适用于对答案精确度要求不是很高但有时间限制的计算任务。目前，国内外相关研究尚未对估算策略给出明确的概念界定。综合策略的定义和估算的定义，本书认为：估算策略即执行估算任务时所使用的一系列程序和方法，用以提高任务完成的速度和准确率。通过观察人们使用估算策略，不仅能够掌握估算策略运用过程本身的信息，还能了解人们对于数学概念的一般性理解、概念之间的相互关系以及数学策略的运用情况（Dowker, 1992; Lemaire et al., 2014; Lemaire et al., 2000）。目前对于估算策略的研究主要关注不同年龄阶段被试群体（包括老年人、成年人、青少年及儿童）在不同类型估算问题下有效估算策略运用的比例差异。研究发现，估算策略在不同年龄群体和任务类型下的有效性存在显著差异（Levine, 1982; Lemaire et al., 2004; Stinebrickner et al., 2012）。同时，研究还发现估算策略运用的效果不仅与估算任务特征（LeFevre et al., 1993; Siegler et al., 2004; Young, 2011; Ganor-Stern, 2015）、个体特征相关，还与个体的认知能力、认知风格以及中央执行系统存在相关性（Hanson et al., 2000; Seethaler et al., 2006; 陈英和 等，2009；司继伟 等，2016；张红段 等，2015；张堂正，2016）。但是与策略研究一样，对于估算策略的研究同样尚未从策略执行、选择、转换以及在不同认知负荷状态下的表现等方面进行系统探讨。因此，为了充分发挥估算策略在日常环境中的效用，有必要结合实际负荷情况以及具身调节手段进行系统考察。此外，由于估算策略的运用相对较为简单，其运用过程成分单一，相较于成年被试而言，这种简单的估算策略任务反应时应主要反映策略执行的时间，较少受到其他变量的干扰。因此，本书研究选择估算策略作为考察对象，其研究结果是纯粹关于策略的运用，能够应用于一般性的策略研究。所以本书选择以估算策略为例，旨在获得有关数学策略运用灵活性的规律性认识。

5. 探索人格影响学习策略的需要

影响策略运用的因素可分为内部变量和外部变量。内部变量主要指难以直接观察到的内部心理因素，包括认知（Moskowitz et al., 1999; Yan, 2010）、情绪（King et al., 2014; Pekrun et al., 2002）、动机等（Gigerenzer et al., 2011; Rieskamp et al., 2006）。而外部变量则是指能够直接观察到的外部环境因素，包括学习环境中的事物、人物以及学习材料本身（Corno, 1986; Chang et al., 2006; Yıldırım, 2012; Lee, 2002）。在目前对学习策略影响因素的诸多研究中，内部因素的研究远远多于外部因素，对内部因素的探讨已细化至学习风格、知识背景、信念、态度、焦虑、性别（Cohen, 2011）、归因（Harari et al., 1981; Lee et al., 2008; Masui et al., 2005）、自我效能感（Bonyadi et al., 2012; Moos et al., 2013; Pintrich et al., 1990; Tsai et al., 2011; Zimmerman et al., 1990）等方面。研究表明，策略运用本身受到个体特征的较大影响，因为策略选择属于信息加工范畴，认知风格可能对个体的策略选择适应性产生一定影响（Yan, 2010；司继伟 等, 2016；张红段 等, 2015）。例如，场依存的被试容易受到感觉通道变化的影响，导致场依存被试策略选择任务的速度和准确性显著下降，但目前尚无研究探索人格与策略运用以及相关认知负荷之间的关系。

二、研究的问题

综上所述，三种理论的整合与五种现实需求，最终将研究的问题明确为：外在认知负荷及相关认知负荷的具身操作对策略执行、选择与转换的影响，以及其与人格特征之间的关系。

三、研究的实验范式

（一）关于外在认知负荷的实验范式

根据德利乌和梅耶（Deleeuw and Mayer, 2008）的研究，他们通过实验依据区分了三种认知负荷类型。研究结果的方差分析表明：双重任务的反应时测量结果对外在认知负荷（由附加的冗余文本带来的）最为敏感；难度等级评价指数对相关认知负荷（由迁移成绩表现出来的）最为敏感；心理努力程度对内在认知负荷（由句子的难度带来的）最为敏感。有鉴于此，结合外在认知负荷的定义，本书的研究采用双重任务范式以增加外在认知负荷。

具体的双重任务中负荷任务参照哈姆和金的双任务范式（Ham and Kim, 2004）。该研究范式采用数字干扰任务，具体负荷情境主要有三种，每种负荷情境都是不同的，对数字的任务主要包括连减、再认等操作。高负荷连减数字任务中，数字是随机抽取的，从1开始到9，组成一个三位数进行不断连减，随机抽取160个，最小为243，最大为981。低负荷数字再认任务中，生成的是七位数，七位数不重复，随机选出90个，随机出现在任务中。结合本书研究的实际情况，对此研究范式做出如下调整：

（1）由于数字再认任务和数字连减任务在任务性质上存在差异，严格来说这不是同一种性质的任务，为保证实验的精确性，本书的研究统一改为再认任务，不再使用数字连减任务；

（2）本书研究中的策略拟采用估算策略，即对算术结果进行估算，存在大量的数字识别，为防止外在负荷任务与估算任务产生联结或冲突，避免其作为冗余干扰信息的纯粹性，研究将再认任务中的数字改为无意义英文单词。

（3）通过预实验发现，记忆5个和9个字母串对于绝大多数被试来说外在认知负荷过高，导致后期策略操作后完全无法对记忆内容进行有效再认，产生了"地板效应"。因此，在后期预实验中将字母串调整为3个和6个，并引导被试以3个字母一组进行记忆，从而有效降低了外在认知负荷，同时统一控制记忆方法。

（二）关于策略和估算使用的实验范式

实验的基本范式采用弗伦奇等人（French et al., 1963）开发的国际通用算术测试方法技能测验。该测验用于测量在多位数问题上快速和准确地执行策略的能力，以及算术流畅性和工作记忆管理能力。

估算策略采用伊诺、迪福和勒梅尔（Hinault, Dufau, and Lemaire, 2014）所使用的两种不同的混合舍入策略（mixed rounding，简称MD策略）。第一种为mixed rounding up-down（简称UD策略，即Up-Down，先上入后下舍策略），即将第一个乘数上入到最近的整数，将第二个乘数下舍到最近的整数，如43×68看成是50×60）；第二种为mixed rounding down-up（简称DU策略，即Down-Up，先下舍后上入策略），即将第一个乘数下舍到最近的整数，将第二个乘数上入到最近的整数，如将43×68看成是40×70。这两种策略在难度上是一致的，因为它们都只有一个乘数需要在十位数上进一并保存在工作记忆中，具体方式见实验操作设计。

四、整体研究目标

根据认知负荷理论，内在认知负荷通常固定且难以发生改变，因此本书研究选取便于控制且在教学学习实践中具有实际价值的外在认知负荷作为考察对象，并将相应的具身操作作为相关认知负荷，即外在认知负荷和相关认知负荷两个自变量。考察策略运用效果的一个重要维度即策略运用的速度以及准确性（Lemaire et al., 2004），因此本书研究的因变量为被试的反应时和准确率。具体目标如下：

（1）外在认知负荷（记忆负荷）是否会影响策略的执行、选择与转

换,从而导致策略运用的速度和准确性发生变化;

(2)相关认知负荷(具身操作)是否会影响外在认知负荷状态下策略的转换;

(3)人格特质是否与策略的执行、选择与转换相关,并与外在认知负荷、相关认知负荷存在交互作用,共同影响策略的运用。

五、整体研究思路和研究框架

(一)研究思路

本书研究的整体研究思路如图7.1所示。

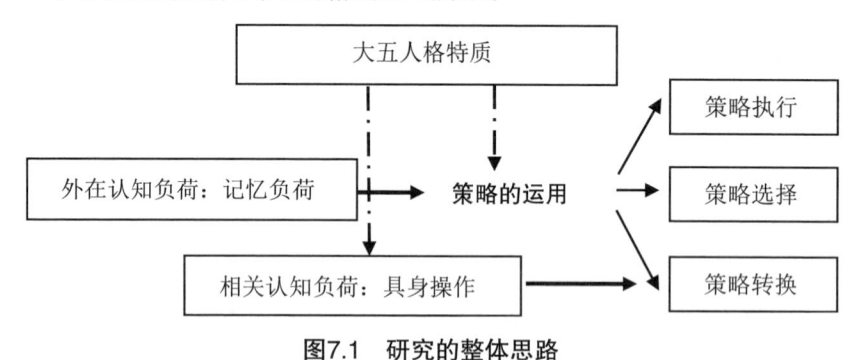

图7.1 研究的整体思路

(二)整体研究框架图

本书研究的整体研究框架如图7.2所示。

图7.2 研究的整体框架

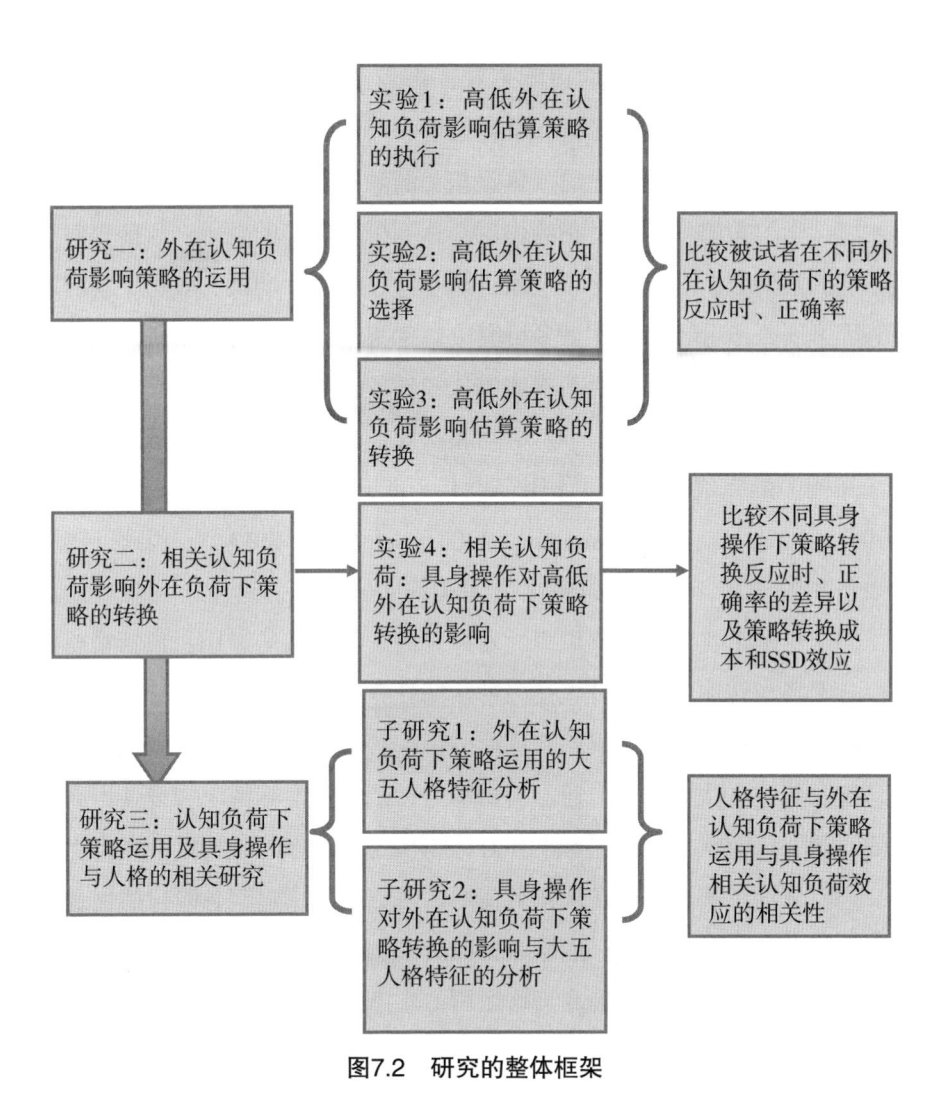

六、研究的创新与价值

（一）提高学习策略的实际应用价值

研究负荷状态下的策略运用，更符合策略运用的现实环境，提高了策略研究的生态效度，充分发挥了策略的现实价值。

从学习策略实际应用的角度来看，作为学习者如要有效地利用策略指导学习过程，必须首先了解并掌握影响学习策略选择、执行与转换的因素。然后在真正使用策略之前，排除相关的障碍，同时做好铺垫工作，这样才能让学习策略发挥其真正的作用，达到事半功倍的效果。目前，对这些影响因素的分析和研究比较全面，从年龄、性别、动机、教师、学习环境等因素展开了分析。但在诸多研究中，忽视了一个重要因素——认知负荷状态。这是个体在学习活动或完成认知任务时难以避免的问题。相关研究表明，认知负荷也是影响学习活动和认知任务的重要因素，可能对学习和认知任务的完成产生促进作用，也有可能产生阻碍作用（Alexander, 1999；Hrin et al., 2015；Moreno, 2004；Schwartz, 2014）。因此，忽视认知负荷的作用，将在一定程度上无法彻底实现人们运用学习策略的目的，甚至可能干扰学习策略作用的发挥。而学习策略的运用，包括策略的执行、选择与转换，其本身也是一种认知任务。因此，为了充分发挥学习策略的作用，更有必要考察认知负荷的影响。本书研究选择认知负荷中最容易控制的外在认知负荷，通过模拟策略运用中的实际情况，设计出高低两种不同的负荷状态，首先考察其对策略执行、选择与转换是否会产生影响，进而分别考察不同外在认知负荷对策略具体运用过程各阶段的促进或阻碍作用。通过这些研究，能够在更贴近现实的情境下，探索和发现策略运用的阻碍或促进条件，提高策略运用的生态效度。如上文所述，既然认知负荷状态不可避免，那么研究结果也将进一步提升策略在现实工作与学习中真正的实际应用价值。

（二）认知负荷与学习策略研究的融合，拓展了两者的研究领域

将认知负荷理论融入学习策略研究，不仅拓展了认知负荷理论的实际应用领域，也深化了学习策略研究的基础理论。

认知负荷理论认为：人的认知资源（主要体现为工作记忆容量）是有

限的，任何学习和认知任务的完成都需要消耗认知资源，从而产生认知负荷。在完成学习或认知任务时，如果认知负荷的总量超出了个体认知资源的总量，学习或任务的完成就会受到阻碍。外在认知负荷、内在认知负荷及相关认知负荷这三种负荷之间存在此消彼长的关系，即三者之和被限制在一定范围内，一种负荷越高，另外两种负荷必然越低。外在和内在认知负荷过高，会阻碍学习或认知任务的进行；而相关认知负荷则相反，其负荷越高，越有利于学习或认知任务的完成。

根据上文所述，个体在使用学习策略时往往处于一定的负荷状态。面对特定的学习或认知任务，内在认知负荷状态是相对固定的，而外在认知负荷则是可以调整的。在认知资源总量受限的情况下，相关认知负荷是总认知资源减去内外认知负荷之和的剩余量，在此情况下才能发挥作用。因此，只有通过对外在认知负荷进行适当调整，确保一定量的相关认知负荷，才能更有效地完成学习或认知任务。因此，认知负荷理论研究的一个重要目标，就是在复杂的学习或认知任务中，如何通过一定的程序、方法或手段调控认知负荷，以最大限度地降低阻碍学习与认知任务的认知负荷，优化促进学习的认知负荷，从而实现对认知资源的充分利用，取得最好的学习效果。而学习策略研究的根本目的，也是通过一定的程序、方法或手段对学习过程或学习行为进行调控，以提高学习效率，取得最佳学习效果。由此可以看出，认知负荷理论的研究与学习策略的研究在目的上存在一致性，两者存在诸多共通之处。如果从学习策略的角度来看待认知负荷，认知负荷是学习策略能够发挥作用的原因；相应地，如果从认知负荷理论的角度来看待学习策略，学习策略实质上是对内外认知负荷以及相关认知负荷的调整手段。两者都是对学习行为或学习过程的控制与调整，并且最终作用都体现在学习或认知任务完成的效果上。然而，关于认知负荷对学习策略运用本身的影响研究仍显不足，尤其是在策略执行、策略选择与策略转换方面的系统研究较为缺乏。

因此，将认知负荷理论的研究与学习策略的研究相结合，一方面从认知负荷的角度保证现有学习策略运用的有效性，并进一步发掘和解释更多有效的学习策略；另一方面也可以从学习策略的角度更好地理解认知负荷的作用与价值，同时根据策略调整的对象寻找更多的认知负荷源加以调控，由此充分拓展了认知负荷与学习策略的研究领域。

（三）拓宽了策略研究的思路，为后续研究奠定基础

引入具身认知的学习策略研究，拓宽了新学习策略的来源，为具身认知的持续研究提供了方向。

从具身认知研究的角度来看，目前的研究表明，某些特定的具身操作同样能够像学习策略一样提高学习效率、增强学习效果。尤其是在语言学习中，利用身体活动或手势动作在一定条件下可以有效提升学习效果，即某种具身操作本身能够促进学习（施弈丞，2015；许修豪，2014）。根据综述部分具身操作对学习行为产生促进作用的诠释，以及学习策略产生作用的机制发现，这两种行为产生的效果在某种程度上都得益于对认知负荷的调节与控制，是认知活动过程中对认知资源进行有效分配的结果。即具身操作增强了主体对认知活动的卷入程度，从而改变相关认知负荷状态，因此可以将具身操作视为相关认知负荷的一种。前文所述，学习策略的作用与三种认知负荷密切相关。由于具身操作具有复杂性和多样性，所以要充分发挥与之相关的相关认知负荷对学习或认知活动的价值，必须将具身认知引入策略研究领域进行系统研究，从而为后续发掘多样化的具身操作所对应的相关认知负荷、促进学习效果的研究奠定了基础。

此外，如果将学习策略也视为一种认知活动，具身操作是否也会对这种认知活动起到促进作用呢？目前的相关研究尚未对此作出明确回答，但已经有研究涉及了具身操作对工作记忆的影响，工作记忆能够影响学习策略的运用，而工作记忆又与认知负荷密切相关，具身操作可被视为是对认知负荷的一种调节手段。由此，本书的研究作为一种创新，直接测量在不同外在认知负荷状态下具身操作对策略运用的影响，其实质就是考察具

身操作对学习策略的实际应用价值。前文所述，由于认知负荷状态较为常见，在学习策略运用过程中难以避免。具身操作的引入为认知负荷的调整提供了一种新的思路，从而保证了学习策略运用的效果。因此，对于这一问题的研究更具实践教育意义，能够在实际教学或学习过程中加以应用。目前本书的研究仅从外在认知负荷入手，主要原因是外在认知负荷较为直观，且在实际学习过程中易于控制，作用较为明显，但是研究不应止步于此，后期还可以进一步探讨相关认知负荷、内在认知负荷等对学习策略运用的影响，尤其是尝试继续从影响相关认知负荷的具身操作角度进行调整，从而发挥具身认知理论和学习策略的最大价值。因此，本书的研究拓宽了学习策略研究的思路，为后续研究奠定了坚实基础。

（四）提高认知负荷理论与学习策略运用整合的生态效度，开启教育应用研究

认知任务的执行或学习策略的运用都由诸多个性鲜明的个体来完成，每个个体都具有自身性格特点与行为模式的烙印，因此在具体认知任务执行与策略运用过程中，外在认知负荷的影响以及具身操作形成的相关认知负荷效果必然各不相同。从实际价值而言，研究必须针对这些具体的、鲜活的个体，才能取得现实效果。然而，面对数量庞大的个体，研究不可能面面俱到，必须选择具有一定代表性的，才能有针对性地展开。由于具身操作效应存在较大的个体化差异，而认知负荷作为个体认知能力的一部分，又与个体的认知风格存在一定关系，因此研究三选择目前学界普遍公认的"大五人格"理论作为切入点，探索不同人格特质与外在认知负荷下策略执行、选择、转换的整体运用效果的关系，以及人格特质与外在认知负荷下具身操作所引发的相关认知负荷对于策略转换的影响。以"大五人格"为研究视角，一方面使得研究结果更贴近现实中的个体，在学习策略运用过程中能够针对不同人格特质的个体提出更具针对性的认知负荷调整措施及相应的具身操作建议，由此来提高研究的生态效度；另一方面，以

"大五人格"对数量庞大的研究群体进行分类，使最终的研究结果在教育应用中具备更强的可操作性。教育工作者在进行学习策略教学与应用过程中，可以依据教学对象的不同人格特质，在认知负荷调整方面（包括是否介入具身操作，如何介入具身操作）做出更有针对性的安排。

如果进一步进行后期的应用型研究，则可以延续本书研究的思路，继续探索不同人格特质在各类认知负荷条件下对策略运用的影响，并进一步延伸至"大五人格"更为具体的各个子维度与认知负荷下策略运用的关系，以及具身操作这一类特殊的相关认知负荷如何结合子维度特征加以介入，继而调节个体的负荷状态，提升策略运用的效果，使得目前的研究能够逐步从理论探索转向教育应用，真正服务于具体的教育对象，避免因措施缺乏针对性而流于形式。

因此，本书的研究提高了整体生态效度，为认知负荷理论、学习策略理论以及具身操作三者整合后的教育应用研究提供了方向和思路。

第八章　实验设计与研究

一、研究实验共同涉及的设计问题

本书通过三个研究系统考察外在认知负荷（记忆负荷）、相关认知负荷（具身操作）以及人格差异对策略运用（包括策略执行、策略选择和策略转换）的影响。有关整个实验研究的说明如下。

第一，策略运用任务和记忆负荷是被试内变量，对策略运用任务采用被试间AB、BA设计以平衡顺序效应，避免被试产生练习效应。

（1）策略执行要求被试采用指定的策略来完成与之相匹配的题型和不匹配的题型；

（2）策略选择要求被试任意选择两种策略之一来完成任一题目；

（3）策略转换强制被试每次都采用最匹配的策略来完成估算题。

将策略执行和策略选择合起来作为A；策略转换作为B。策略选择只能放在策略执行之后，因为：①被试通过策略执行能够熟悉和比较两种策略，从而能够做出策略选择；②策略转换强制要求采用匹配策略来完成题目，这与策略选择的要求冲突，而策略执行要求被试采用某种策略完成匹配和不匹配的题型，这与策略选择的要求一致，故策略选择只能放在策略执行之后。

第二，只在策略转换中加入具身操作，分为无具身组、书空具身组和书写具身组。

第三，所有被试在实验后都要填写大五人格量表简版。

实验材料、设计和程序详见具体研究。

二、删除无效被试

研究一和研究二中的四个实验都要考察高低负荷对估算策略执行的影响，因此只要任一实验的高/低负荷字母再认任务正确率小于0.6（处于随机水平），就将该被试的所有数据作为无效数据删除（以此来保证被试是认真按照实验要求进行操作的）。除策略自由选择实验外，在另外三个实验的任一自变量水平上，如果正确率小于0.6（处于随机水平），该被试的所有数据也作为无效数据删除。根据以上原则，删除29人无效数据后，有效被试为234人，其中，男生72人，女生162人，年龄 $M \pm SD$ 为 19.45 ± 1.47。正确率不需要做预处理。反应时的预处理则先去除错误试次，仅保留正确试次的反应时，然后去除每个被试在每个自变量水平上超出三个标准差之外的极端数据。

三、研究一：外在认知负荷影响策略的运用

引言：学习策略的实质在于通过策略的运用降低学习者在学习过程中的外在和内在认知负荷，使其能够拥有充分的认知资源，提高相关认知负荷，应对学习过程中信息的获取、加工与存储，所以学习策略本质上是对认知资源的最优化配置与使用。对于个体而言，由于认知资源的总量是固定的，当某种因素在策略操作之前已经占用了个体的外在或内在认知负

荷，则可能会影响策略运用的效果。学习策略的运用（Strategy Using）应包括策略选择（Strategy Choice）、策略执行（Strategy Execution）以及策略转换（Strategy Switch）三个环节。

双任务范式是引起外在认知负荷的经典范式之一，是指在主任务过程中增加一种次任务，由于次任务会占用认知资源，从而产生认知负荷，所以对主任务来说增加了外在认知负荷。在学习过程中，个体常常会自发地或被动地受到无关信息或次任务的干扰，从而产生外在认知负荷，影响学习策略的使用效果。因此，本研究采用次任务来制造外在认知负荷，考察其对学习策略运用的影响，符合现实情境，具有实际价值。

实验1：高低外在认知负荷影响估算策略的执行

通过双任务范式加载记忆负荷作为外在认知负荷，考察个体策略执行过程中的速度和准确性。经典的策略执行概念通常指个体使用某种策略解决问题的速度和准确性，即在适当的时间，以合适的顺序，正确执行所有步骤的能力（Mata et al., 2015；Peters et al., 2011）。本实验中的策略执行相对简单，只考虑个体采用"先舍后入"或者"先入后舍"两个步骤完成估算题，计算其反应时和准确率。

1 实验

1.1 实验假设

外在认知负荷影响策略执行：在高负荷条件下，策略执行的正确率低于低负荷，反应时高于低负荷。

1.2 实验被试

实验招募263名大学本科生参与实验，其中男生78名，女生185名。所有被试均为右利手，视力或矫正视力正常，无色盲、色弱，身心健康，未服用精神类药物，且从未参加过任何与学习策略相关的实验。被试均自愿参加实验，完成实验后可获得40元报酬。

1.3 实验材料和仪器

负荷任务采用双任务范式中的英文无意义字母串再认任务（Han et al., 2004）。低外在认知负荷要求被试记忆3个无意义字母串；高外在认知负荷要求被试记忆6个无意义字母串。所有无意义字母串不含元音字母，不重复，均为大写字母。同时引导被试以3个字母为一组进行记忆（统一控制被试的记忆策略，防止出现记忆策略偏差），从而有效降低了外在认知负荷。绝大多数被试能够以高于随机水平完成字母串记忆任务和策略执行任务。

实验采用弗伦奇等人（French et al., 1963）开发的国际通用算术测试方法技能测验。该测验用来测量个体在多位数问题上快速而准确地执行策略的能力，以及算术流畅性和工作记忆管理能力。本实验包含64道估算题，题目形式为两位数乘以两位数，分为两种题型。其中32题适合DU策略，前一个乘数的个位数小于5，采取退位，后一个乘数的个位数大于5，采取进位，如32×67采用DU策略，估算应为30×70；其余32题则相反，适合UD策略，如46×73，应估算为50×70。

实验对乘法估算题还做了以下控制：

（1）由于人们存在乘数顺序效应（Zhou et al., 2007），从小学习九九乘法表，习惯于计算前一个乘数为小数，后一个乘数为大数的乘法题，如34×68、37×63等，因此前一个乘数的十位数一定小于后一个乘数。

（2）如果乘数的十位数为1，则计算过于简单，若为9，则难以进位，因此每个乘数的十位数都不包含1或9。

（3）个位数不能为0、1、5、9。

（4）所有题目的正确答案都大于1000，但都必须在四位数以内。

（5）乘数与乘数之间在十位和个位上的数字均不允许相同。

（6）使用过的乘数不能通过位置转换的形式参与到下一个问题

中去。

估算策略采用伊诺、迪福和勒梅尔（Hinault et al., 2014）所使用的两种不同的混合舍入策略（mixed rounding策略，简称MD策略），第一种是mixed-rounding up-down（UD策略），即将第一个乘数上入到最近的整数，将第二个乘数下舍到最近的整数，如将43×68看作50×60；第二种是mixed-rounding down-up（DU策略），即将第一个乘数下舍到最近的整数，将第二个乘数上入到最近的整数，如将43×68看作40×70。从理论上说，这两种策略在难度上是一致的，因为它们都只有一个乘数需要在十位数上进一并保存在工作记忆中。

由于要考察高低外在认知负荷对策略运用的影响，因此从32道适合DU策略的题目和32道适合UD策略的题目中各选16道题置于高外在认知负荷和低外在认知负荷条件下，具体设计见表8.1。同时保证四种情况下的题目前后乘数的十位数基本一一对应，以平衡四种情况的估算难度。

表8.1 估算题与认知负荷水平的设计

	高外在认知负荷	低外在认知负荷
适合DU策略	16题	16题
适合UD策略	16题	16题

由于需要考察DU和UD策略的使用情况，因此采用ABBA设计，在组段1和4中让被试对上述64道题采用DU策略，在组段2和3中让被试对上述64道题采用UD策略。故本实验共128个试次。

实验仪器为联想台式电脑M400-D003，19英寸CRT显示器，分辨率为1600×1200，刷新频率为75 Hz，显示背景为灰色。采用E-prime 2.0编制实验程序。

1.4 实验设计和程序

1.4.1 实验设计

采用2（负荷：低 vs 高）×2（策略：DU vs UD）×2（题型：适合

DU vs 适合UD）的被试内设计。

1.4.2 实验程序

被试眼睛距离屏幕中央55 cm。要求被试将左手小指、无名指、中指和食指放在G、H、J、K键上，右手自然平放在鼠标垫上。屏幕中央呈现注视点400 ms，接着是120 ms的空屏，然后呈现由3个或6个字母组成的无意义字母串2000 ms，实验前指导语要求被试只能按三个字母一组的方式默读记忆，以统一控制记忆策略。根据预实验的结果，2000 ms的时间能够保证被试对6个字母默读一遍并略有结余，效果最为理想。如果时间继续延长，例如到4000 ms，则可能消除不同大小字母串所造成的高低外在认知负荷差异，因此也就无法比较由此对策略的执行所产生的影响。同时，实验前指导语要求被试在记忆过程中认真记忆，后面会有再认任务测量记忆效果，该记忆—再认任务和估算任务同等重要；400 ms空屏之后，呈现估算题和四个答案，对应GHJK键，要求被试快速准确地用指定的估算策略进行估算，并按键选择，记录正确率和反应时；400 ms空屏后，出现1个无意义字母，要求被试再确认判断之前记忆过的字母串中是否有该字母，有则按G键，无则按K键，只要求准确，不要求快速，只记录正确率；最后是800 ms空屏。

实验流程见图8.1，被试先练习UD和DU策略各8个试次，然后第1和4组段必须采用DU策略进行估算（估算题有匹配和不匹配两种），其中低/高认知负荷伪随机呈现；第2和3组段必须采用UD策略进行估算（估算题同前安排），同样低/高认知负荷伪随机呈现。

```
          400 ms 注视点

       120 ms 空屏

    PSFKYT   2000 ms 字符串记忆

          400 ms 空屏

       23×68
    1200 1400 1600 1800    快速准确地按本组段规定的策略估算
                           按键结束

          400 ms 空屏

        T
       是 否   字母再认按键结束

          800 ms 空屏
```

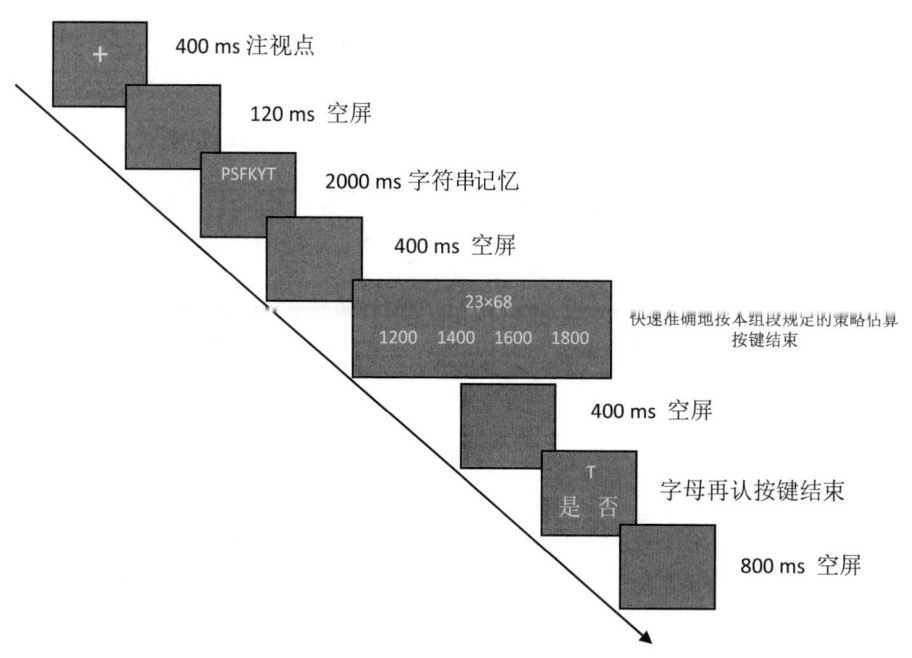

图8.1　外在认知负荷影响估算策略执行

1.5 实验数据预处理

数据采用SPSS 17.0进行统计。字母串记忆任务产生负荷，而字母串再认任务则用于测量负荷。为了证明3个和6个无意义字母串记忆任务能够形成负荷的差异，即两者产生了低/高负荷，以字母串再认任务正确率为因变量，进行单因素（字母串长度：短 vs 长）方差分析，结果发现字母长度主效应显著，$F(1, 233)=960.78$，$p < 0.001$，$\eta p^2 = 0.805$，长字母串再认正确率（$M \pm SD$为0.80 ± 0.01）显著小于短字母串再认正确率（$M \pm SD$为0.94 ± 0.04），表明长字母串记忆任务确实比短字母串记忆任务造成了更高的负荷。

2 结果

2.1 高低负荷下策略执行的正确率

高低外在认知负荷下策略执行的正确率见表8.2。

表8.2 高低负荷下两类题型的策略执行正确率

负荷策略题型匹配	正确率（$M \pm \text{SD}$）
低负荷 DU 匹配	0.96±0.07
低负荷 DU 不匹配	0.96±0.08
低负荷 UD 匹配	0.98±0.05
低负荷 UD 不匹配	0.98±0.06
高负荷 DU 匹配	0.95±0.09
高负荷 DU 不匹配	0.95±0.09
高负荷 UD 匹配	0.98±0.06
高负荷 UD 不匹配	0.98±0.06

表8.2和图8.2显示：无论高低负荷、DU/UD策略、题型匹配与否，所有策略执行的正确率都非常高。

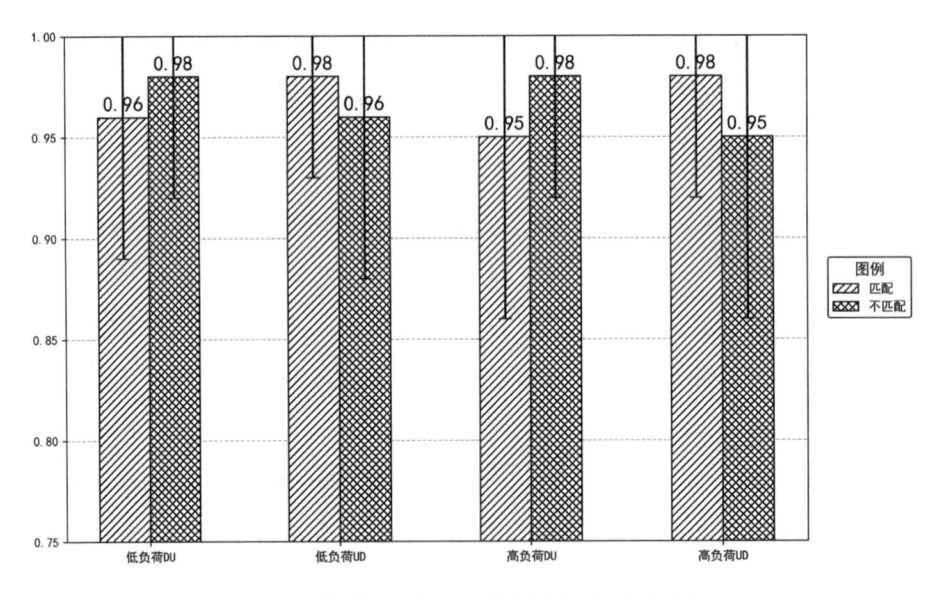

图8.2 题型匹配与不匹配策略执行的正确率

以估算正确率为因变量，进行2（负荷：低 vs 高）×2（策略：DU vs UD）×2（题型-策略匹配性：匹配 vs 不匹配）的方差分析。

分析结果说明：负荷×策略×题型策略匹配性的交互效应显著。

（1）负荷主效应显著，$F(1, 233) = 8.05$，$p < 0.01$，$\eta_p^2 = 0.033$，高负荷下策略执行正确率显著小于低负荷下，表明外在认知负荷干扰了策略执行的正确率。

（2）策略主效应显著，$F(1, 233) = 16.38$，$p < 0.001$，$\eta_p^2 = 0.066$，DU策略运用正确率显著小于UD策略，表明DU策略更难。

（3）题型-策略匹配性主效应不显著，$p > 0.05$。

（4）负荷×策略的交互效应显著，$F(1, 233) = 6.55$，$p < 0.05$，$\eta_p^2 = 0.027$，表明高低外在认知负荷对两类策略执行正确率的影响不同。

（5）负荷×题型策略匹配性的交互效应不显著，$p > 0.05$。

（6）策略×题型策略匹配性的交互效应不显著，$p > 0.05$。

（7）负荷×策略×题型策略匹配性的交互效应显著，$F(1, 233) = 6.61$，$p < 0.05$，$\eta_p^2 = 0.028$。

对负荷×策略×题型-策略匹配性的交互效应做简单效应分析：

（1）低外在认知负荷下

①策略主效应显著，$F(1, 233) = 10.40$，$p < 0.01$，$\eta_p^2 = 0.043$，DU策略运用正确率显著小于UD策略。

②题型-策略匹配性主效应以及与策略的交互效应都不显著，$p > 0.05$。

（2）高外在认知负荷下

①策略主效应显著，$F(1, 233) = 19.42$，$p < 0.001$，$\eta_p^2 = 0.077$，DU策略运用正确率显著小于UD策略。

②题型-策略匹配性主效应不显著，$p > 0.05$。

③策略×题型-策略匹配性的交互效应显著，$F(1, 233) = 6.14$，$p < 0.05$，$\eta p^2 = 0.026$。经过Bonferroni校正的成对比较发现，在匹配和不匹配时，DU策略的正确率都显著小于UD策略，$ps < 0.05$，表明不管题型是否适合，UD策略都更容易，而DU策略较难。但是DU和UD策略的不匹配和匹配之间的正确率都没有差异，$ps > 0.05$。

以上数据分析说明：外在认知负荷对于策略的执行产生了影响，在正确率上存在显著差异，高外在认知负荷干扰了策略的执行；同时，不同策略之间也存在难度差异，DU策略明显难于UD策略。

2.2 高低负荷下策略执行的反应时

高低外在认知负荷下策略执行的反应时见表8.3。

表8.3 高低负荷下两类题型的策略执行反应时

负荷策略题型匹配	反应时（ms）（$M \pm SD$）
低负荷 DU 匹配	2819.31±857.59
低负荷 DU 不匹配	3062.15±996.42
低负荷 UD 匹配	2508.85±878.49
低负荷 UD 不匹配	2780.02±912.73
高负荷 DU 匹配	3390.75±1363.63
高负荷 DU 不匹配	3543.11±1233.02
高负荷 UD 匹配	3149.74±1204.08
高负荷 UD 不匹配	3278.96±1262.61

表8.3和图8.3显示：①无论哪种情况下，高外在认知负荷下的反应时都高于低外在认知负荷；②认知负荷增加，标准差也增加，表明个体差异亦增大；③无论哪种情况下，所有匹配的反应时都小于不匹配的反应时；④同种负荷和匹配条件下，DU策略的反应时都高于UD策略。

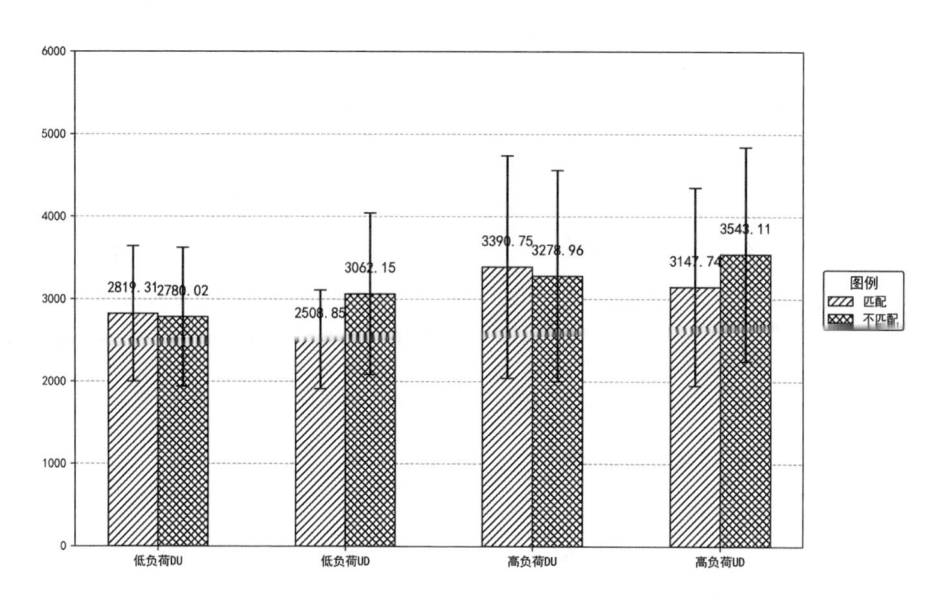

图8.3 题型匹配与不匹配策略执行的反应时

以估算反应时为因变量，进行2（负荷：低 vs 高）×2（策略：DU vs UD）×2（题型-策略匹配性：匹配 vs 不匹配）的方差分析。

（1）负荷主效应显著，$F(1, 233) = 183.76$，$p < 0.001$，$\eta p^2 = 0.441$，高负荷下策略执行反应时显著大于低负荷下，表明负荷干扰了策略执行的反应时。

（2）策略主效应显著，$F(1, 233) = 70.95$，$p < 0.001$，$\eta p^2 = 0.233$，DU策略执行反应时显著大于UD策略，表明DU策略更难。

（3）题型-策略匹配性主效应显著，$F(1, 233) = 91.79$，$p < 0.001$，$\eta p^2 = 0.283$，不匹配的反应时显著大于匹配。

（4）负荷×策略的交互效应不显著，$p > 0.05$。

（5）负荷×题型-策略匹配性的交互效应显著，$F(1, 233) = 7.42$，$p < 0.01$，$\eta p^2 = 0.031$，表明负荷影响匹配与不匹配之间的差异模式。

（6）策略×题型-策略匹配性的交互效应不显著，$p > 0.05$。

（7）负荷×策略×题型-策略匹配性的交互效应不显著，$p > 0.05$。

对负荷×题型-策略匹配性的交互效应做简单效应分析：

（1）低外在认知负荷下，题型-策略匹配性主效应显著，$F(1, 233)=121.16$，$p < 0.001$，$\eta p^2 = 0.342$，不匹配时的反应时显著大于匹配时。

（2）高外在认知负荷下，题型-策略匹配性主效应显著，$F(1, 233)=16.15$，$p < 0.001$，$\eta p^2 = 0.065$，不匹配时的反应时显著大于匹配时。

（3）对比低高负荷可见，相比于低负荷，高负荷减少了题型-策略匹配性主效应的效应量，即减少了不匹配与匹配的反应时差异。

以上数据分析说明：外在认知负荷对于策略的执行产生了影响，在反应时上存在显著差异，高外在认知负荷干扰了策略的执行；同时不同策略也存在难度差异，DU策略明显难于UD策略；题型-策略匹配的反应时明显快于不匹配的。

将策略执行的负荷效应定义为高低外在认知负荷下策略执行的正确率/反应时差值，见表8.4。

表8.4　匹配与不匹配策略执行的高低负荷效应

策略	正确率（$M \pm SD$）	反应时（ms）（$M \pm SD$）
DU 匹配的负荷效应	0.01±0.06	571.43±1006.93
DU 不匹配的负荷效应	0.00±0.06	480.96±742.05
UD 匹配的负荷效应	0.00±0.05	640.89±813.13
UD 不匹配的负荷效应	0.00±0.05	498.94±751.97

以上统计结果显示：不论DU/UD策略，题型-策略匹配的负荷效应都高于不匹配的。

由于负荷效应是高低负荷差值，其信息已包含在上文对负荷主效应及其与其他自变量的交互效应的方差分析中，为避免重复和繁琐，故不再做方差分析。

2.3 匹配性效应的量化指标

本实验将策略-题型匹配性负荷效应的操作性定义为：题型与策略不匹配时和匹配时的高低负荷下正确率/反应时的差值，见表8.4。高低负荷下DU和UD策略执行的正确率在匹配和不匹配时都没有差异，因此比较各自变量水平下正确率指标的策略-题型匹配性效应的量化指标没有意义，但由于存在个体差异，因此其在分析其他因素与正确率的策略-题型匹配性效应的相关时仍具有意义。而高低负荷下DU和UD策略执行的反应时在匹配条件下都显著大于不匹配条件，因此比较各自变量水平下反应时指标的策略-题型匹配性效应的量化指标具有实际意义（表8.5）。

表8.5 高低负荷下两类策略的策略-题型匹配性效应

	正确率（$M\pm SD$）	反应时（ms）（$M\pm SD$）
低负荷 DU 匹配性效应	0.00 ± 0.05	242.84 ± 538.92
低负荷 UD 匹配性效应	0.00 ± 0.05	271.17 ± 430.21
高负荷 DU 匹配性效应	−0.01 ± 0.07	152.36 ± 917.9
高负荷 UD 匹配性效应	0.00 ± 0.04	129.22 ± 494.46

以上统计结果显示：不论DU/UD策略，高负荷下的效应量都要低于低负荷下，说明高外在认知负荷消耗了策略-题型匹配性效应，减少了两者的差值。

以反应时的策略-题型匹配性效应为因变量，进行2（负荷：低 vs 高）×2（策略：DU vs UD）的方差分析。

（1）负荷主效应显著，$F(1, 233) = 7.42$，$p < 0.01$，$\eta_p^2 = 0.042$，高负荷下策略-题型匹配性效应显著小于低负荷下，这表明高负荷减少了策略-题型不匹配与匹配的差异。

（2）策略主效应及其与负荷的交互效应都不显著，$p > 0.05$。

将匹配性负荷效应定义为高低负荷下匹配性效应的差值，见表8.6。

表8.6　高低负荷匹配性效应差值

策略	正确率（$M \pm SD$）	反应时（ms）（$M \pm SD$）
DU 匹配性负荷效应	0.01±0.09	90.48±1.06
UD 匹配性负荷效应	0.00±0.06	141.95±697.31

由于匹配性负荷效应是高低负荷差值，其信息已包含在上文对匹配性负荷主效应及其与其他自变量的交互效应的方差分析中，为避免重复和繁琐，故不再做方差分析。

3 讨论

3.1 外在认知负荷干扰策略执行的效果

通过从正确率指标上发现负荷×策略×题型-策略匹配性的交互效应显著，反应时指标上发现负荷×题型-策略匹配性的交互效应显著，高负荷下策略执行的正确率显著低于低负荷下，反应时显著高于低负荷下，表明外在认知负荷干扰了策略执行的效果。已有研究证实，外在认知负荷会干扰任务完成效果，但尚未探索外在认知负荷是否会干扰策略执行的效果。本研究首次证实外在认知负荷确实会干扰策略执行的效果。当然，由于使用了策略，可能在一定程度上抵消了外在认知负荷的影响。

正确率指标没有检测到题型-策略匹配性效应，但反应时指标检测到了高低负荷下题型-策略匹配性的主效应，不匹配的反应时显著大于匹配。这表明被试可能在外显层面，也可能在内隐层面感受到了不匹配造成的冲突，或者两者混合使得匹配性影响了被试的策略执行，匹配的策略虽不能提高正确率，但能有效减少反应时。这与已有研究结果一致——对于不同的题型，确实存在最佳策略。

这里存在一个问题：高负荷降低了估算题的正确率，增大了反应时，可能仅仅是外在认知负荷干扰了估算题本身，而没有干扰策略执行过程。那么如何排除这种可能性呢？本实验设置了两种估算策略以及匹配-不匹配的题型，就可以排除这种可能性。如果负荷只影响计算过程，不影响策略执行过程，可以做出如下分析：

（1）估算反应时＝策略执行时间＋计算时间。

（2）高负荷只增加了计算时间，即高负荷反应时＝低负荷策略执行时间+低负荷计算时间＋高负荷增加的计算时间。

（3）由于各自变量水平下题目的计算难度是一致的，因此低负荷下计算时间是相等的，高负荷下计算时间也是相等的。低负荷匹配性效应＝低负荷不匹配反应时－匹配反应时＝（低负荷不匹配策略执行时间+低负荷计算时间）－（低负荷匹配策略执行时间＋低负荷计算时间）＝低负荷不匹配策略执行时间－低负荷匹配策略执行时间

（4）如果高负荷只影响计算时间，不影响策略执行时间，那么高低负荷不匹配策略执行时间相等，高低负荷匹配策略执行时间也相等。那么，高负荷匹配性效应＝高负荷不匹配反应时－高负荷匹配反应时＝（低负荷不匹配策略执行时间＋高负荷计算时间）－（低负荷匹配策略执行时间+高负荷计算时间）＝低负荷不匹配策略执行时间－低负荷匹配策略执行时间＝低负荷匹配性效应。

可见，如果假设负荷只影响计算时间，不影响策略执行，那么就会导致匹配性效应不受负荷的影响。但是反应时指标却检测到高负荷减少了题型–策略匹配性主效应的效应量。通过对匹配性效应的分析发现，高负荷下策略–题型匹配性效应显著小于低负荷下，表明高负荷减少了匹配性效应。因此，实验结果推翻了这种假设，证明外在认知负荷确实干扰了策略执行本身！可能因为相比于低负荷，高负荷时被试致力于处理高外在认知负荷，而减少了对题型策略不匹配的注意，当然这种减少与对匹配性的感受一样，可能是有意识的，也可能是无意识的和被迫的，或者两者混合。

本实验在考察外在认知负荷对策略执行效果的影响时，首次考虑了其他因素（负荷）对估算反应时的影响，可分成对策略执行时间的影响和对计算时间的影响，通过设置题型–策略的匹配性来证明确实影响了策略执行时间本身，而不只是影响计算时间。已有研究通常都没有设置匹配性，

即使设置了也没有意识到其他因素是否影响了策略执行本身，还是只影响计算时间。因此，本实验首次提出了该问题并给出了有效的解答方式，未来值得进一步研究，甚至分离出这两种时间。

3.2 后期认知加工干扰工作记忆保持，提升了策略难度

高低认知负荷之下，策略执行的反应时和正确率都存在策略主效应。即高低负荷之下，DU策略执行的正确率显著低于UD策略；但反应时则长于UD策略，说明这两者之间存在难度差异（表8.2、表8.3）。但一般研究认为使用UD策略和DU策略其难度是一致的（Lemaire et al., 2014；Hinault et al., 2014），因为这两种策略从工作记忆的角度上都只有一个乘数需要在十位数上进一并保存在工作记忆中。但从本实验结果来看，与前期的研究结果不一致。

本研究进一步分析发现：执行UD策略时，例如47×62，被试首先进行相对较为复杂的认知加工，将47进位为50，将5保持在工作记忆中，然后在看到62之后，退位相对简单，直接退位成60，计算得出3000；但是在执行DU策略时，例如63×78，首先将63退位成60，然后将6保持在工作记忆中，接着进行相对较为复杂的认知加工，将78进位为80，但是此时并不能直接计算，因为后期的认知加工干扰了前期被试保持的工作记忆内容，需要重新提取数字6，因此增加了一个步骤，导致DU策略的难度提升。因此，本研究认为：认知加工过程对工作记忆存在干扰作用，导致策略执行的反应时增加，正确率下降，与UD策略存在显著差异。

另外还有一种可能性是，UD策略对第一个数字进位，之前保持0个数字，而DU策略对第二个数字进位，之前保持了1个数字。虽然两者工作记忆总共都保持3个数字，但进位发生时的工作记忆总量不同。UD策略的工作记忆总量未被占用，所以更简单。可见，进位的顺序影响了两种策略，不能简单地相加。

3.3 外在认知负荷对于认知资源的占用

本研究存在两种策略，即DU策略和UD策略，同时还存在两种类型

的估算题，它们分别与UD、DU策略一一匹配，可称为与UD策略匹配的题目和与DU策略匹配的题目。数据分析结果发现：在反应时指标上，不论外在认知负荷高低，都存在策略与题目匹配与否的主效应，即匹配的策略执行反应时明显低于不匹配的。但是高低外在认知负荷下的匹配效应值（即匹配与不匹配之间反应时的差值，见表8.6）明显减少，一方面说明实验设计的外在认知负荷有效，一直保持在工作记忆之中；另一方面充分说明这种外在认知负荷确实占用了有限的认知资源。被试为了保证记忆负荷的完成，必须从策略任务中分配一部分资源出来，导致匹配与否的效应值减少。

3.4 存在较难、较易策略与最佳策略的差别

从正确率与反应时指标上看，都体现出DU策略与UD策略的差异，DU策略属于较难策略，而UD策略属于较易策略。实验存在两种类型的估算题，它们分别与UD、DU策略一一匹配，可称为与UD策略匹配的题目和与DU策略匹配的题目。因此，两种估算题类型和两种策略类型就形成了"较好策略"和"较差策略"。较好和较差策略的性质是由某种策略是否适合某类估算题来定义的，是否适合的标准有两个：第一，是否更接近真实答案；第二，是否更符合认知习惯、更省力，通常更省力的会更接近真实答案（余娇娇，2016）。如对于48×62，采用UD策略比DU策略更省力且更接近真实答案，因此UD策略是较好策略，DU策略是较差策略；而对于42×68，则正好相反。

但是从现有的研究情况来看，并非更省力的策略一定更接近真实答案，即精度不一定更高。从实验结果来看，不论是适合DU策略还是适合UD策略的题型，都是采用UD策略时反应时更低，说明UD策略较易，对认知资源占用少；而采用DU策略时反应时则延长，说明DU策略较难，对认知资源占用多。但这仅仅是从反应时角度对两种策略进行区分。虽然采用UD策略在反应时上更少，但从估算的精度来看，适用于DU策略的题型如果采用了UD策略，其估算结果与正确答案的偏差较大，即精度较低；

如果采用DU策略，则估算结果的精度会显著提升。同理，如果适合UD策略的题型采用了DU策略，则反应时延长、精度降低，这种策略就属于传统意义上的较差策略。因此，对于估算策略而言，可以分为较易策略、较难策略和最佳策略三种。

较易策略：即UD策略，反应时低，能够在较短的时间内给出估算结果。这种策略适合在对计算结果要求不十分精确的情况下使用，如本研究中的估算任务。

较难策略：即DU策略，相较于UD策略，反应时较长，需要更多的时间完成估算。这种策略只有在与之匹配的题型上使用时才具有一定的价值。

最佳策略：即与题型相匹配的策略。UD题型的最佳策略为UD策略，DU题型的最佳策略为DU策略。可以说，最合适的就是最佳的。虽然采用DU策略在估算反应时上更长一些，但估算结果更接近于正确答案。

4 结论

（1）不论是正确率还是反应时指标，外在认知负荷的主效应都显著。高外在认知负荷下，相对于低外在认知负荷，策略执行的正确率降低，反应时加大，即较高的外在认知负荷干扰了估算策略的执行。

（2）在正确率指标上，负荷×策略的交互效应显著，高低外在认知负荷对UD策略和DU策略的执行正确率存在不同影响。

（3）在反应时指标上，负荷×题型-策略匹配性的交互效应显著，高低外在认知负荷对题型与策略匹配的反应时上存在不同影响：低外在认知负荷下，题型-策略匹配的反应时小于不匹配的，高负荷时也一样，但高负荷消除了低负荷状态下的效应量。

（4）在反应时指标上，策略-题型匹配与否的效应量受到外在认知负荷的主效应影响显著。高外在认知负荷下，策略-题型匹配性效应量显著小于低外在认知负荷。

（5）不论是正确率还是反应时指标，策略主效应都显著。采用UD策略的反应时更少，正确率更高，说明UD策略相对较容易；而采用DU策略时反应时更长，正确率更低，说明DU策略相对较难。

实验2：高低外在认知负荷影响估算策略的选择

通过双任务范式加载记忆负荷作为外在认知负荷，考察个体在不同负荷条件下估算策略的选择情况。策略选择指个体是否选择了最有效的策略，即该策略能够引导个体快速、准确地完成任务（Torbeyns，2004）。本实验中，指导被试自由选择最佳策略运用于任务过程。

1 实验

1.1 实验假设

外在认知负荷会干扰估算策略的选择。与低外在认知负荷相比，高外在认知负荷下被试针对不同类型的题目，选择适当策略的正确率将下降，反应时间将增加，即策略选择的灵活性和准确性变差。

1.2 实验被试

同实验1。

1.3 实验材料和仪器

本实验共有120道估算题，分为两种题型，其中60题适合DU策略；另外60题适合UD策略。对乘法估算题的控制与实验1相同。由于要考察高低负荷对策略选择的影响，因此从60道适合DU策略的题目和60道适合UD策略的题目中各选30道题，分别置于高负荷下和低负荷条件下，并保证四种情况下题目前后乘数的十位数基本——对应，以平衡四种情况的估算难度。高低负荷的设置与实验1相同。实验任务要求被试可以采用任意一种估算策略来完成任意一道题，因此在这四种情况下，被试采用DU或UD策略的估算题的随机水平为各15道题。

实验仪器和编程软件与实验1相同。

1.4 实验设计和程序

采用2（负荷：低 vs 高）×2（策略：DU vs UD）×2（题型：适合DU vs 适合UD）的被试内设计。

实验程序与实验1相同，唯一区别是实验2的指导语告知被试可以采用任意一种估算策略完成任意一道题。

1.5 实验数据预处理

本实验将每种题型中被试选择适合策略的概率作为正确率。例如，对于适合DU的题型，其正确率即为采用DU策略完成的概率；对于适合UD的题型，其正确率即为采用UD策略完成的概率。由于对于每一道题，被试要么采用DU策略，要么采用UD策略，错误率即为被试采用不适合策略的概率。因此，策略选择正确率能够反映被试的策略偏好。如果被试在适合DU策略的题型中正确率大于随机水平（不小于0.6），而在适合UD策略的题型中正确率处于随机水平（小于0.6），则表明被试偏好采用DU策略完成两种题型。可见，策略选择正确率小于0.6仍然具有意义，而不是无效数据，故不加以删除。由于很多被试在多个自变量水平下的正确率低于0.6，不满足计算反应时的条件，因此本实验只分析正确率，且只需要正确率即可反映出策略选择偏好。数据采用SPSS 17.0进行统计。

以字母串再认任务正确率为因变量，进行单因素（字母串长度：短 vs 长）方差分析，比较长短字母串再认任务正确率的差异。结果发现，字母长度主效应显著，$F(1, 233) = 817.74$, $p < 0.001$, $\eta p^2 = 0.778$。高负荷任务正确率（$M \pm SD$为0.81 ± 0.08）显著低于低负荷任务正确率（$M \pm SD$为0.94 ± 0.05），表明长字母串记忆任务比短字母串记忆任务造成了更高的负荷。

2 结果

2.1 策略选择正确率

策略选择正确率见表8.7。

第八章 实验设计与研究

表8.7 高低负荷下两类题型的策略选择正确率

负荷题型	正确率（$M\pm \text{SD}$）
低负荷适合DU的题型	0.73±0.35
低负荷适合UD的题型	0.6±0.41
高负荷适合DU的题型	0.68±0.37
高负荷适合UD的题型	0.58±0.4

以上统计结果显示：高负荷条件下的正确率都低于低负荷条件下的正确率，同时适合DU题型的策略选择正确率都高于适合UD题型的策略选择正确率。

对于适合DU/UD的题型，选择DU和UD策略的概率之和基本等于1（存在少量的随机误差）。只要知道选择适合策略的概率（即正确率），即可推知选择不适合策略的概率。因此，无法进行2（题型：适合DU vs 适合UD）×2（策略：DU vs UD）×2（外在认知负荷：低 vs 高）的重复测量方差分析。

故以估算正确率（对某种题型，选择适合策略的概率）为因变量，进行2（负荷：低 vs 高）×2（题型：适合DU vs 适合UD）的方差分析，结果发现：

（1）负荷主效应显著，$F(1, 233) = 27.58$，$p < 0.001$，$\eta_p^2 = 0.106$。高负荷条件下策略选择正确率显著低于低负荷条件，表明随着外在认知负荷的增加，被试根据题型选择合适策略的概率降低，其更倾向于采用某种固定策略完成两类题型，而不论其是否适用。

（2）策略主效应显著，$F(1, 233) = 7.49$，$p < 0.01$，$\eta_p^2 = 0.031$。说明适合DU策略的题型选择正确率显著高于适合UD策略的题型。

（3）负荷×题型的交互效应显著，$F(1, 233) = 19.03$，$p < 0.001$，$\eta_p^2 = 0.076$。

对负荷×题型的交互效应进行Bonferroni校正的成对比较发现，低/高负荷条件下，适合DU策略的题型选择正确率都显著高于适合UD策略的题型，$ps < 0.05$。

以上数据分析说明：高外在认知负荷确实干扰了被试的策略选择，因此在正确率指标上显著低于低外在认知负荷状态。并且无论在处于高或低外在认知负荷状态下，都存在DU策略和UD策略的差异。（另：策略选择未记录反应时，因为很多被试的策略选择正确率低于60%，反应时没有实际意义。）

2.2 策略选择偏好类型

然而，上述方差分析存在一个缺陷：只能区分出对DU策略的选择正确率更高，但无法区分出被试的偏好类型。也就是说，被试并不一定都按照最佳匹配的策略进行选择，很有可能存在某些策略的选择倾向性。已有研究表明，即使还有其他更适合当前情境的策略，但人们有时仍会倾向于使用某一特定策略（Luchins, 1942; Luwel et al., 2005; Luwel et al., 2003），或者始终刻板地使用某种策略（张荣华 等, 2012）。因此，DU策略选择的正确率较高，也有可能是偏好DU策略的个体在被试群体中的占比较高。

据此推测，在被试群体中可能存在以下四类被试：

（1）偏好DU——对两种类型的题目，都偏好选择DU策略；

（2）偏好UD——对两种类型的题目，都偏好采用UD策略；

（3）选择最佳策略——对适合DU的题目选择DU策略，对适合UD的题目选择UD策略；

（4）随机选择。

数据显示，被试在高低负荷下的选择偏好基本一致（详见附录1），因此不再区分高低负荷状态，而是以DU策略（DU）和UD策略（UD）各自的总体正确率（高低负荷加起来）与60%（由于实验中仅使用两种策略，可能存在随机选择的问题，所以将正确率控制在50%以上）的关系为标准，划分出四类被试：

第一类是偏好DU策略，即在DU题型下，高低负荷状态下正确选择DU策略的比率超过60%，但在UD题型下正确选择UD策略的比率低于60%，即在这种题型下，被试仍然倾向于选择DU策略，即便这种选择是不恰当的，这类被试即为偏好DU策略类型。

第二类偏好恰恰与第一类相反，被试倾向于选择UD策略，其筛选标准与第一类相同，即为偏好UD策略类型。

第三类被试则能够按照题型情况选择相匹配的最佳策略，其面对DU题型时正确选择DU策略，面对UD题型时正确选择UD策略，且比率都超过了60%，即为选择最佳策略类型。

第四类被试则是在DU题型和UD题型中正确选择DU策略和UD策略的比率都低于60%，属于完全随机选择类型。

具体情况见表8.8。

表8.8 三种策略选择偏好类型的分类标准和人数

策略选择	DU策略（DU）	UD策略（UD）	人数
偏好DU（1）	≥60%	<60%	83
偏好UD（2）	<60%	≥60%	63
选择最佳（3）	≥60%	≥60%	76
随机选择（4）	<60%	<60%	12

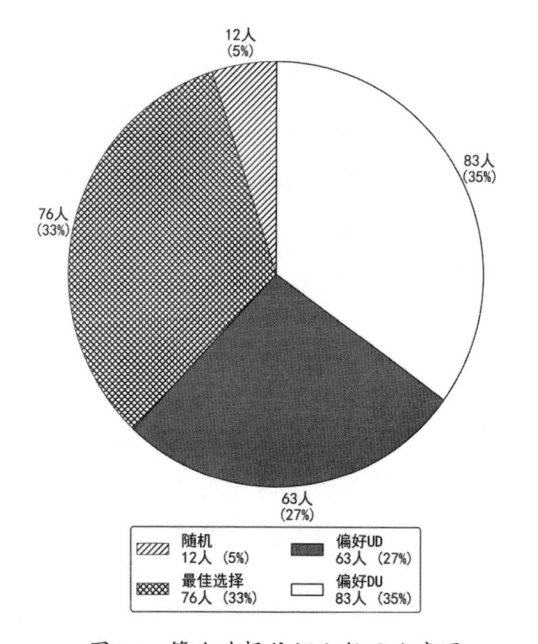

图8.4 策略选择偏好人数及比率图

结合表8.8和图8.4可见,存在某种策略选择偏好(偏好DU策略和UD策略)的人数为146人,是选择最佳策略人数76人的1.92倍,占总人数的62%。这说明在加载外在认知负荷后,大部分被试仍倾向于选择某种特定策略。虽然指导语要求其选择最合适的策略,但也仅占33%。此外,随机选择的被试很少,仅有12人。这也说明绝大多数被试在实验过程中较为认真,并未受过多无关变量的干扰。

3 讨论

3.1 外在认知负荷迫使个体采用自动化的认知加工方式

余姣姣(2016)通过已有研究发现,在没有外在认知负荷的情况下,自由选择时绝大部分被试都会自发地根据题型选择适合的策略,且策略选择正确率大于0.9。但本研究发现,在有外在认知负荷的情况下,无论负荷高低,只有不到1/3的被试会自发地根据题型选择适合的策略,而大部分被试(超过2/3)则偏好选择某一种策略来完成两类题型。而且选择比率最高的是相对而言较难的DU策略,并未出现大量选择较易的UD策略,也未见大量选择最佳策略的被试。仅从数据现象来看,这一结果似乎与既有的策略选择理论相悖,对于人类策略选择的普遍论断是:人是理性和经济的,会根据问题情境、任务特征、策略特征以及个体状态选择相对最合适或最省力的策略(Anderson, 1993; Bettman et al., 1993; Marewski et al., 2011; Rieskamp et al., 2006; Siegler et al., 1995)。

进一步深入分析发现:DU策略在加工过程中是先舍后入,符合人们自小教育形成的"四舍五入"的思维习惯,长期积累形成自动化。研究表明,在没有外在认知负荷加载时,人们能够按照任务要求选择策略进行加工,但一旦有外在认知负荷加载,就会占用个体的认知资源。由于被试执行的是估算题,估算任务要求在最短时间内给出答案,但对答案的准确性要求不高,因此,被试在认知资源不足的情况下,为了满足时间要求,采取了自动化的加工方式,这是一种最为快速简便的模式。所以,从这个角度而言，多数被试选择DU策略完全符合文献综述中所提及的策略选择模型：即根据问题情境（外在认知负荷的存在）、任务特征（快速任务）、策略特征（自动化策略）以及个体状态（认知资源不足），选择相对最合适或最省力的策略——即外在认知负荷会激发个体采用自动化的认知加工方式。

3.2 任务性质决定认知加工的模式

根据上文分析，选择偏好是由于外在认知负荷的存在挤占了个体的认知资源，因此被试为了满足任务的时间要求而采用偏好的固定加工模式处理认知任务。因为这对于个体而言是最为经济的一种方式，可以避免任务完成过程中策略选择和策略转换对认知资源的占用。本研究分析认为，出现这种情况，除了上文所述，还可能与外在认知负荷有关，也存在另一种可能性，即与任务本身的性质有关。估算作为一项快速计算任务，本身对运算结果的精度要求不高，但对时间要求紧迫。在此前提下，被试在执行认知加工任务时，很自然地按照任务的要求选择了反应时最快、对认知资源占用最少的方式进行。但是随着任务性质的改变，被试认知加工的资源占用方式也可能随之发生变化。因此可以推论：任务的性质决定了被试对认知资源占用的方式，可能存在以下两种认知加工模式：

（1）在简单任务的情况下，往往采用最经济的认知加工模式；

（2）在较难任务的情况下，则采用最有效匹配的认知加工模式。

但是，如果没有外在认知负荷的加载，认知资源的占用方式也许会发生改变，这是后续研究可以进一步关注的问题。

3.3 外在认知负荷凸显人类认知加工的策略偏好

从实验结果来看，主要的策略偏好有三种：偏好UD策略的被试、偏好DU策略的被试以及灵活选择最佳策略的被试。如上文所述，在没有外在认知负荷的情况下，绝大多数被试会自发选择最佳策略，但是外在认知负荷的加载则凸显了人类认知加工模式的差异。这三种不同的偏好反映了人群中三类不同的认知加工模式，且这种模式在一定程度上反映了被试的认知风格。认知风格具有一定的偏好性，对于信息的处理过程伴随着不同的认知风格，每种认知风格处理信息的方式不同，策略选择属于信息加工的范畴，因此认知风格可能对个体的策略选择适应性产生一定的影响，相关研究已经证明了信息加工认知风格差异的存在（Nicolaou et al., 2011；Yan, 2010；司继伟 等，2016；张红段 等，2015）。本研究通过外在认知负荷的加载，占用了被试有限的认知资源，减少了策略选择的灵活性，使被试必须依据自己习惯化的认知风格进行内部加工，才能达成任务目标。

（1）偏好DU策略的被试：这类被试类似于认知风格中的场依存型个体，他们需要依靠经验来处理信息，其思维活跃度相对较低。这也从侧面反映出此类被试的整体认知资源相对有限，所以习惯化地使用长期积累形成的"四舍五入"的数学运算概念来完成估算任务的策略选择。

（2）偏好UD策略的被试：这是一种最为经济的被试类型，偏向于一种本身相对经济的认知加工模式。在具体策略中，他们更倾向于相对较为容易的UD策略，因此这类被试将认知加工过程中对认知资源的占用降低到最低点，以最少的认知资源在最短时间内完成认知加工任务。

（3）灵活选择最佳策略的被试：此类被试从认知风格来看，类似于场独立型的认知风格，他们拥有更高的思维灵活性，可以根据自己的思维对信息进行加工，所以这类被试受外在认知负荷的影响较小，能按照实际题型进行策略选择。这类被试也从侧面反映出其认知资源相对较为丰富。

通过上述分析，本研究发现：在人群中存在较大的认知风格及认知加工模式的差异，出现这种情况可能与个体之间认知资源的差异密切相关。

4 结论

（1）外在认知负荷影响了被试的策略选择；

（2）被试群体中存在三种主要的策略选择偏好，分别为偏好DU策略、偏好UD策略以及灵活选择最佳策略。

实验3：高低外在认知负荷影响估算策略的转换

上文综述部分有研究证明，使用一种策略与使用两种不同策略在反应时上存在差异，即策略转换存在转换成本。那么这种成本是否会受到负荷的影响而发生改变呢？因此，实验3旨在考察外在认知负荷对策略转换的影响。

1 实验

1.1 实验假设

外在认知负荷影响策略转换：高负荷下策略转换成本大于低负荷。

1.2 实验被试

实验1和实验2被试中的一部分（将被试整体随机分成三组，选择其中一组）。

1.3 实验材料和仪器

（1）外在认知负荷和估算策略同实验1和实验2。

（2）估算题同实验2，共有120题，分为两种题型，其中60题适合DU策略；另外60题则相反，适合UD策略。对乘法估算题的控制同实验1和实验2。

（3）题型、策略及外在认知负荷的安排。由于要考察策略转换，需要设置策略重复和策略转换两种情况，因此在60道适合DU策略的题目和60道适合UD策略的题目中，将各30道题设置为策略重复，另外各30道题设置为策略转换。并且保证四种情况下的题目前后乘数的十位数基本一一对应，以平衡四种情况的估算难度。由于要考察高低负荷的影响，因此将以上120道题置于低认知负荷下，另外相同的120道题置于高认知负荷下，这样所有8个自变量水平的题目难度基本匹配。

(4)实验仪器和编程软件同实验1。

1.4 实验设计和程序

采用2（外在认知负荷：低 vs 高）×2（策略：DU vs UD）×2（转换与否：重复 vs 转换）的混合设计，均为被试内变量。

实验程序基本同实验1，但本实验与实验1有四点区别：

（1）指导语要求被试必须根据每道题目上方的策略线索来使用策略——↓↑表示必须采用DU策略，↑↓表示必须采用UD策略，并且所要求的策略就是适合该题型的策略。

（2）如果本题目与上一个题目一致，都是采用DU策略，则本题目是DU重复；如果本题目采用DU策略，上一个题目采用UD策略，则本题目是DU转换。UD重复和UD转换同理。

（3）通过伪随机设置，在低负荷下产生DU重复/DU转换/UD重复/UD转换各约30个，高负荷下同理。由于是伪随机，不存在规律，因此被试只能在题目连同其策略线索出现后，才能进行策略重复或转换，因此重复或转换的认知过程只能发生在题目出现之后，不可能发生在题目出现之前。

（4）由于要考察低/高外在认知负荷对策略转换的影响，因此采用ABBA的组段设计，组段1和4置于低外在认知负荷下，组段2和3置于高外在认知负荷下，每个组段有60个试次，保证DU/UD策略的重复/转换为各15个试次。不采用低/高外在认知负荷在同一个组段中伪随机呈现，是因为策略重复和转换需要在同样强度的负荷下，否则如果前后两道题目的认知负荷强度不同，即使前后题目的策略相同/不同，后题也既不属于低负荷下的重复/转换，也不属于高负荷下的重复/转换，只能作为无效数据删除。这样将大大增加题目数量和难度，造成实验的低效率。

1.5 实验数据预处理

以字母串再认任务正确率为因变量，做单因素（字母串长度：

短 vs 长）方差分析，结果发现字母串长度主效应显著，$F(1, 70) = 400.72$，$p < 0.001$，$\eta p^2 = 0.851$，长字母串再认正确率（$M \pm SD$为0.81 ± 0.07）显著小于短字母串再认正确率（$M \pm SD$为0.96 ± 0.03），表明长字母串记忆任务确实比短字母串记忆任务造成了更高的负荷。

2 结果

2.1 策略转换的正确率

策略转换的正确率见表8.9。

表8.9 高低负荷下两类策略的策略转换和重复的正确率（$M \pm SD$，$n=71$）

负荷策略重复/转换	正确率（$M \pm SD$）
低负荷DU重复	0.97 ± 0.08
低负荷DU转换	0.96 ± 0.11
低负荷UD重复	0.98 ± 0.09
低负荷UD转换	0.98 ± 0.11
高负荷DU重复	0.97 ± 0.09
高负荷DU转换	0.96 ± 0.09
高负荷UD重复	0.98 ± 0.1
高负荷UD转换	0.98 ± 0.1

以上统计结果显示：相比较而言，不论高低负荷状态还是策略转换与策略重复，DU策略的正确率都低于UD策略。

以估算正确率（表8.9）为因变量，进行2（负荷：低 vs 高）×2（策略：DU vs UD）×2（转换与否：重复 vs 转换）的方差分析，三者均为被试内变量，结果发现：

（1）策略主效应显著，$F(1, 70) = 17.30$，$p < 0.001$，$\eta p^2 = 0.198$，UD策略正确率显著大于DU策略，这与策略执行结果匹配。

（2）其他自变量的主效应及交互效应都不显著，$ps > 0.05$，表明正确率指标不能检测到转换成本。

以上数据分析说明：正确率无法反映外在认知负荷对于策略转换的影

响,但是从正确率来看,不同策略本身仍存在较难和较易之分。

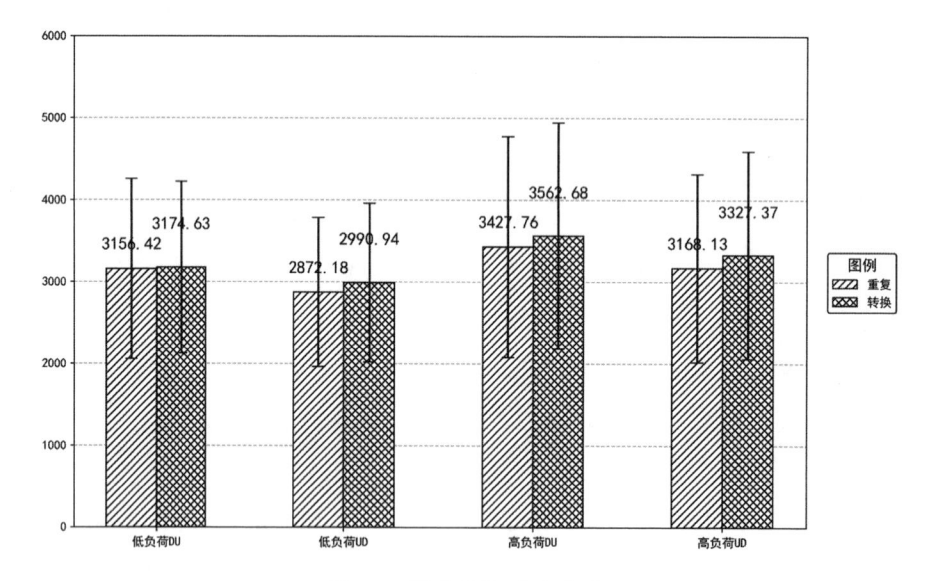

2.2 策略转换的反应时

策略转换的反应时结果见表8.10。

表8.10 高低负荷下两类策略的策略转换和重复的反应时（$M \pm SD$, $n=71$）

负荷策略重复/转换	反应时（ms）（$M \pm SD$）
低负荷 DU 重复	2871.47 ± 916.79
低负荷 DU 转换	2885.05 ± 852.59
低负荷 UD 重复	2607.53 ± 739.87
低负荷 UD 转换	2733.53 ± 775.25
高负荷 DU 重复	3206.83 ± 1185.97
高负荷 DU 转换	3410.32 ± 1308.58
高负荷 UD 重复	3044.42 ± 1190.51
高负荷 UD 转换	3234.01 ± 1319.87

图8.5 策略转换的反应时

表8.10和图8.5显示：①高外在认知负荷条件下,反应时都普遍大于低外在认知负荷；②同一种外在认知负荷条件下,DU策略的反应时都大于

UD策略；③同一种认知负荷条件下，同一种策略条件下，策略转换的反应时都大于策略重复。

以估算反应时（表8.10）为因变量，进行2（负荷：低 vs 高）×2（策略：DU vs UD）×2（转换与否：重复 vs 转换）的方差分析，三者均为被试内变量，结果发现：

（1）负荷主效应显著，$F(1, 70)=42.17$，$p < 0.001$，$\eta p^2 = 0.376$，高负荷反应时显著大于低负荷。

（2）策略主效应显著，$F(1, 70)=50.75$，$p < 0.001$，$\eta p^2 = 0.420$，DU策略反应时显著大于UD策略。

负荷和策略的主效应结果与策略执行结果相匹配。

（3）转换与否主效应显著，$F(1, 70)=42.27$，$p < 0.001$，$\eta p^2 = 0.377$，转换反应时显著大于重复，表明出现了转换成本。

（4）负荷×转换与否交互效应显著，$F(1, 70)=5.84$，$p < 0.05$，$\eta p^2 = 0.077$，表明高低负荷对转换与否（即转换成本）具有影响。

（5）负荷×策略×转换与否的交互效应显著，$F(1, 70)=5.25$，$p < 0.05$，$\eta p^2 = 0.070$，表明高低负荷对不同策略在转换与否（即转换成本）上的影响存在差异。

对负荷×策略×转换与否的交互效应做简单效应分析：

（1）低外在认知负荷下

①策略主效应显著，$F(1, 70)=25.45$，$p < 0.001$，$\eta p^2 = 0.267$；

②转换与否主效应显著，$F(1, 70)=5.29$，$p < 0.05$，$\eta p^2 = 0.070$；

③策略×转换与否交互效应显著，$F(1, 70)=7.04$，$p < 0.05$，$\eta p^2 = 0.091$。

经典的转换成本产生与否的操作性定义是比较转换与重复的差异，因此经过Bonferroni校正的成对比较发现：①DU转换与重复之间差异不显著，$p > 0.05$，表明没有出现转换成本；②UD转换反应时显著大于重复，表明出现了转换成本。

这说明低外在认知负荷消除了DU策略的转换成本，即从较易转向较难策略与较难策略重复的成本一致。

（2）高外在认知负荷下

①策略主效应显著，$F(1，70)=20.06\ p<0.001$，$\eta p^2=0.223$；

②转换与否主效应显著，$F(1，70)=29.83$，$p<0.001$，$\eta p^2=0.299$；

③策略×转换与否交互效应不显著。经过Bonferroni校正的成对比较发现，DU和UD转换反应时都显著大于重复，表明都出现了转换成本。

以上数据分析说明：①外在认知负荷确实影响了策略转换，正确率指标不能检测到策略转换成本，反应时指标则可以检测到策略转换成本，高外在认知负荷下的策略转换反应时显著大于低外在认知负荷；②负荷、策略、转换与否之间存在交互效应，高低外在认知负荷影响不同策略的策略转换成本，低外在认知负荷下DU策略转换不存在转换成本；③DU策略和UD策略的难易差别在策略转换的反应时指标上再次显现，存在显著差别。

2.3 策略转换成本及SSD效应

策略转换成本指的是：在执行完一种策略后随即转换到另一种策略，其反应速度（或准确性）将低于重复使用先前策略的反应速度（或准确性）的现象（Lemaire et al., 2010）。策略转换成本的计算方法是转换试次与重复试次之间的反应时之差，也可以是转换试次与重复试次正确率的比值。本研究采用反应时之差，具体结果见表8.11。

表8.11　高低负荷下两类策略的反应时转换成本（$M\pm SD$, $n=71$）

	低负荷转换成本（ms）	高负荷转换成本（ms）
DU转换成本	13.58 ± 330.93	203.49 ± 459.77
UD转换成本	126.00 ± 291.56	189.59 ± 298.38

以上统计结果显示：高外在认知负荷下的策略转换成本明显大于低外

在认知负荷。

以转换成本（表8.11）为因变量，进行2（负荷：低 vs 高）×2（策略：DU vs UD）的方差分析，两者均为被试内变量。结果发现：

（1）负荷主效应显著，$F(1, 70)=5.84$ $p < 0.05$，$\eta p^2 = 0.077$，高负荷转换成本显著大于低负荷，表明外在认知负荷影响转换成本。

（2）策略主效应不显著，$p > 0.05$。

（3）负荷×策略的交互效应显著，$F(1, 70)=5.25$，$p < 0.05$，$\eta p^2 = 0.070$。说明高低外在认知负荷对于不同策略转换的转换成本影响存在差异。

经过Bonferroni校正的成对比较发现：

（1）低负荷下UD转换成本显著大于DU，高负荷下两者差异不显著，表明低负荷下出现了SSD效应，但是高负荷消除了SSD效应。由于已有研究和本研究实验1证明DU策略比UD策略更难，因此说明：在低外在认知负荷之下确实存在SSD效应。所谓SSD效应是指策略顺序困难效应，即从较难策略转换到较易策略更加困难，转换成本更高（Uittenhove et al., 2012; Uittenhove et al., 2015）。实验3在低负荷下得出的结论和现有研究结果一致——从较难策略转向较易策略所需要的认知加工反应时大于从较易策略转向较难策略。

（2）对于DU策略，高负荷转换成本显著大于低负荷，$p < 0.01$，表明负荷影响转换成本；对于UD策略，高低负荷转换成本差异则不显著，$p > 0.05$。这表明高负荷会显著增加DU策略的转换成本，但是不会增加UD策略的转换成本。

（3）因此，SSD效应的消失来自高负荷提高了DU策略的转换成本。

将转换成本负荷效应定义为高低负荷转换成本的差值，高低负荷SSD效应见表8.12。

表8.12　高低负荷下两类策略的反应时转换成本的
SSD效应量和负荷效应（$M±SD$, $n=71$）

	正确率	反应时（ms）
低负荷SSD效应	0.00±0.05	112.42±357.11
高负荷SSD效应	−0.01±0.04	−13.9±482.77
DU转换成本负荷效应	0.00±0.06	189.91±565.54
UD转换成本负荷效应	0.00±0.04	63.59±423.14

以上统计结果显示：①在正确率上无法反映出策略转换成本的SSD效应和策略转换成本的负荷效应，但是在反应时指标上则存在明显的差别；②高低负荷下SSD效应在反应时上存在显著差别。

由于SSD效应是DU与UD策略转换成本的差异，转换成本负荷效应是高低负荷差值，其信息已包含在上文对转换成本、负荷和策略主效应及其与其他自变量的交互效应的方差分析中，为避免重复和繁琐，故不再做方差分析。

3 讨论

3.1 高外在认知负荷加大了较难策略转换的难度

通过正确率不能检测到转换成本，而通过反应时则可以检测到转换成本及其受外在认知负荷的影响。在反应时指标上，负荷×策略×转换与否的交互效应显著，表明负荷影响策略转换与重复之间的差异。低负荷状态下，DU转换与重复之间差异不显著，表明没有出现转换成本；UD转换反应时显著大于重复，表明出现了转换成本，即低外在认知负荷下，不存在DU策略的转换成本。这种情况可能是因为UD策略更简单，低负荷时DU转换是从较易的UD策略转换到较难的DU策略，前面的UD策略占用的认知资源较少，并且认知痕迹消退得较快，所以转换到DU策略较为容易；而DU重复时是从较难的DU策略重复到较难的DU策略，虽然没有发生策略转换，但前面的DU策略占用的认知资源较多，认知痕迹消退得较慢，从而干扰了本次DU策略的执行，因此造成DU转换与重复之间没有显著差异。而UD策略则相反，UD转换时是从较难的DU策略转换到较易的UD策略，当然比从较易的UD策略重复到较易的UD策略要难，因为后者既没有发生转换，前面的UD策略又较为简单，因此存在策略转换成本。低外在认知负荷下DU策略不存在策略转换成本，这个结论与部分现有研究结果相吻合。塔伊兰等人（Taillan et al., 2015）在研究中发现，被试从RD策略转换到RU策略时，从反应时的角度来看并不存在策略转换成本；伊诺、迪福和勒梅尔（Hinault et al., 2014）使用与本实验相同的DU/UD策略时也发现ERP不存在明显差异。

但是通过本实验结果发现，高外在认知负荷下DU策略存在策略转换成本。结合实验1讨论部分"后期认知加工干扰工作记忆保持，提升了策略难度"的角度来分析，之所以高外在认知负荷下的DU策略出现转换成本，同样可能是由于外在认知负荷的加载，提升了DU策略的难度，从而使DU转换反应时大于DU重复，出现了策略转换成本。由此说明：①高外在认知负荷有可能提升较难策略的难度；②策略转换成本并不是一个固定的存在，而是受外在认知负荷的影响。

3.2 SSD效应的存在与一定的外在认知负荷阈限值有关

已有研究发现反应-刺激间隔（response-stimulus interval, RSI）对SSD效应有重要影响。如于腾霍夫和勒梅尔（Uittenhove and Lemaire, 2013）在实验中分别设置了两种RSI条件（300 ms和600 ms），发现随着RSI的增加（接近600 ms），SSD效应逐渐降低甚至消失，其后越来越多的研究人员发现了这一现象（Sella et al., 2012；Uittenhove et al., 2013）。

从认知资源的角度来分析这一现象，可以理解为随着RSI的增加，给予被试充足的认知资源来完成从较难策略转换到较易策略，因此策略转换成本的差异消失了。而这种时间限定可以视为一种外在认知负荷，因此无外在认知负荷或过低的外在认知负荷无法引发SSD效应。而本实验的RSI虽然远远大于600 ms，但由于增加了外在认知负荷，所以较长的RSI仍然不足以消除外在认知负荷。高负荷时DU和UD转换的反应时都显著大于重复，表明都出现了转换成本。对转换成本的分析显示，高负荷下DU和UD的转换成本差异不显著，而高低负荷下UD的转换成本差异也不显著，这表明高负荷显著增加了DU的转换成本，但不影响UD的转换成本。这可能是因为UD策略较为简单，受SSD效应导致低负荷时转换成本就很高，出现了天花板效应，高负荷时也无法进一步增加。可见，高负荷消除了SSD效应，但是这种消除并不是通过消除UD和DU两者的转换成本来达到的，反而是通过产生低负荷时本不存在的DU转换成本来实现的。这一点与上一条讨论相对应——即高外在认知负荷导致DU策略难度增大，由此带来DU转换成本升高，因此两者的UD策略转换成本和DU策略转换成本差异不显著，导致SSD效应消失。这个增加RSI的作用机制正好相反，如果把RSI的增加看作是认知负荷逐渐减少的话，本研究的外在认知负荷加载则是提高了负荷水平。从现有研究结果可以推论：过高或者过低的认知负荷水平都会导致SSD效应的消失，说明SSD效应的存在可能有一个限定的外在认知负荷阈限值范围，超出这个范围，SSD效应就不存在。通过本实验首次发现了一种全新的SSD机制，但是这个观点还有待于进一步研究探讨。

4 结论

（1）在反应时和策略转换成本指标上，都能够检测出外在认知负荷的影响。高外在认知负荷条件下策略转换的反应时显著大于低外在认知负荷条件下，同时高外在认知负荷条件下的策略转换成本也要显著高于低外在认知负荷条件，说明外在认知负荷确实对策略的转换产生了阻碍作用。

（2）在反应时指标上，负荷、策略、转换与否之间的交互效应显著，其中在低外在认知负荷下，DU策略转换成本消失，策略转换与策略重复反应时差异不显著，说明低外在认知负荷不存在DU策略转换成本，低外在认知负荷条件下存在SSD效应。

（3）在策略转换成本指标上，负荷与策略的交互效应显著。高外在认知负荷下，UD转换成本与DU转换成本两者差异不显著，表明高外在认知负荷提高了DU策略转换成本，因此消除了SSD效应。

（4）在正确率、反应时指标上，策略主效应都显著。DU策略转换的正确率显著小于UD策略；同时DU策略转换反应时也要显著高于UD策略，说明策略转换与策略执行一样，DU策略和UD策略存在较难和较易之分。

四、研究二：相关认知负荷影响外在负荷下策略的转换

实验3表明，在高外在认知负荷条件下，策略的转换成本大于低负荷条件下，说明高外在认知负荷干扰了被试的策略转换。而且通过研究一的三个实验证明：高外在认知负荷的存在干扰了整个策略的运用。如果外在认知负荷存在的情况无法改变，那么采用什么手段能够减少这种干扰呢？根据综述部分关于具身化学习策略的提示，推测策略线索的具身化有可能提高被试对策略的接受速度和程度，从而减少策略转换带来的认知冲突，可能使得在高负荷造成的认知资源匮乏的情况下，仍能较好地完成转换，即具身操作能够影响策略的转换。因此，本实验将考察具身操作对高低负荷下策略转换的影响。

特定的具身操作同样可以视为一种学习策略。从综述可见，具身操作增强了主体的认知加工，可以视为相关认知负荷。本研究将采用手部的具身操作，通过加强策略线索的认知加工，从而增加相关认知负荷，影响外在认知负荷下的策略转换，试图发现能够降低外在认知负荷下策略转换成本的有效具身操作，为新的学习策略的学习和使用提供有效的具身化学习策略。

实验 4：相关认知负荷：具身操作对高低外在认知负荷下策略转换的影响

尝试使用手部的具身操作作为增加相关认知负荷的手段，来影响和干预高低外在认知负荷之下的策略转换的成本。

1 实验

1.1 实验假设

具身操作影响高低外在认知负荷条件下的策略转换：相比于无具身组，加入具身操作能够减少负荷对策略转换的干扰，即减少转换成本；并且书写具身操作比书空具身操作的效果更好。

1.2 实验被试

将实验1和实验2的被试，按性别和年龄进行伪随机匹配，分为三组。删除无效数据后，有效被试共234人：组1为无具身组，共71人（即实验3），年龄$M±SD$为19.49±0.18，其中男生22人，女生49人；组2为书空具身组，共85人，年龄$M±SD$为19.55±0.16，其中男生24人，女生61人；组3为书写具身组，共78人，年龄$M±SD$为19.30±0.17，其中男生26人，女生52人。三组两两之间的年龄均无显著差异。

1.3 实验材料和仪器

（1）外在认知负荷和估算策略同实验1和实验2。

（2）估算题同实验2，共有120题，分为两种题型，其中60题适合DU策略；另外60题则相反，适合UD策略。对乘法估算题的控制同实验1和实验2。

（3）题型、策略及外在认知负荷的安排。由于要考察策略转换，需要设置策略重复和策略转换两种情况，因此在60道适合DU策略的题目和60道适合UD策略的题目中，将各30道题设置为策略重复，另外各30道题设置为策略转换，并且保证四种情况下的题目前后乘数的十位数一一对应,以平衡四种情况的估算难度。同时,由于要考察高低认知负荷的影响,因此将以上120道题置于低认知负荷下,另外相同的120道题置于高认知负荷下,这样所有8个自变量水平的题目难度基本匹配。

(4)关于手部的具身操作:实验要求被试将特定箭头符号提示的视觉线索转化为具身动作,操作时要求被试根据视觉线索用右手食指先上后下或先下后上地划出特定箭头符号。即由被试根据策略规定的要求划出"↑↓"和"↓↑","↑↓"代表先上后下的UD策略(up-down),"↓↑"代表先下后上的DU策略(down-up)。实验将具身策略线索分为两种形式操作:第一种是要求被试按照符号方向的变化,在空中书写,即为"书空组",这种具身操作属于有动作无肌肉反馈;另一种是要求被试用右手食指在桌上按照符号方向书写,即为"书写组",这种具身操作是有触觉反馈的具身动作。两者在具身操作的强度上存在差异,书写组的具身操作强度大于书空组。

(5)实验仪器和编程软件同实验1。

1.4 实验设计和程序

采用2(外在认知负荷:低 vs 高)×2(策略:DU vs UD)×2(转换与否:重复 vs 转换)×3(具身操作:无具身 vs 书空具身 vs 书写具身)混合设计,其中前三个是被试内变量,最后一个是被试间变量。

实验程序基本同实验3,但本实验与实验3有所不同:将实验1和实验2的被试随机分为3个组。

组1为无具身组,右手平放在鼠标垫上,不做任何动作;

组2为书空具身组,要求右手在鼠标垫的水平方向上,根据每道题的策略线索,用食指先向后再向前像打钩一样模拟"↓↑";或先向前再向后像画一座山一样模拟"↑↓",但食指不能接触到鼠标垫;

组3为书写具身组,要求右手食指触碰着鼠标垫,如组2一样书写模拟策略线索。

1.5 实验数据预处理

分别以三个具身操作组的长短字母串再认任务正确率为因变量，进行单因素（字母串长度：短 vs 长）方差分析。结果发现，无具身组字母串长度主效应显著，$F(1, 70)=400.72$，$p < 0.001$，$\eta p^2 = 0.851$，长字母串再认正确率（$M \pm SD$ 为 0.81 ± 0.07）显著小于短字母串再认正确率（$M \pm SD$ 为 0.96 ± 0.03）；书空具身组字母串长度主效应显著，$F(1, 84)=511.51$，$p < 0.001$，$\eta p^2 = 0.859$，长字母串再认正确率（$M \pm SD$ 为 0.80 ± 0.07）显著小于短字母串再认正确率（$M \pm SD$ 为 0.94 ± 0.05）；书写具身组字母串长度主效应显著，$F(1, 77)=334.69$，$p < 0.001$，$\eta p^2 = 0.813$，长字母串再认正确率（$M \pm SD$ 为 0.82 ± 0.07）显著小于短字母串再认正确率（$M \pm SD$ 为 0.94 ± 0.05）。表明三个具身操作组的长字母串记忆任务确实都比短字母串记忆任务造成了更高的负荷。

2 结果

2.1 三组具身操作被试的具身效果分析

2.1.1 检测正确率指标的具身操作效果

三个具身组的高低负荷下两类策略的策略转换和策略重复的正确率见表8.13。

表8.13 三个具身组的高低负荷下两类策略的策略转换和策略重复的正确率

具身组别（n）	无具身组（n=71）	书空具身组（n=85）	书写具身组（n=78）
低负荷 DU 重复	0.97 ± 0.08	0.97 ± 0.03	0.97 ± 0.04
低负荷 DU 转换	0.96 ± 0.11	0.98 ± 0.03	0.97 ± 0.05
低负荷 UD 重复	0.98 ± 0.09	0.98 ± 0.03	0.98 ± 0.04
低负荷 UD 转换	0.98 ± 0.11	0.98 ± 0.03	0.97 ± 0.04
高负荷 DU 重复	0.97 ± 0.09	0.97 ± 0.03	0.97 ± 0.04
高负荷 DU 转换	0.96 ± 0.09	0.97 ± 0.04	0.97 ± 0.04
高负荷 UD 重复	0.98 ± 0.1	0.98 ± 0.03	0.98 ± 0.03
高负荷 UD 转换	0.98 ± 0.1	0.99 ± 0.02	0.98 ± 0.03

以上统计结果显示：①不论何种条件下，DU策略的正确率均低于UD策略；②无论何种条件下，具身操作组和无具身操作组的正确率均较高。

以估算正确率（表8.13）为因变量，进行3（具身操作：无具身 vs 书空具身 vs 书写具身）×2（负荷：低 vs 高）×2（策略：DU vs UD）×2（转换与否：重复 vs 转换）的方差分析，其中第一个为被试间变量，后三者为被试内变量。结果发现：

（1）策略主效应显著，$F(1, 233)=36.18$，$p<0.001$，$\eta p^2=0.135$，DU策略正确率显著小于UD策略。

（2）负荷×策略×转换与否的交互效应显著，$F(1, 233)=5.06$，$p<0.05$，$\eta p^2=0.021$。其他自变量的主效应及其他交互效应均不显著，$p>0.05$。可见，通过正确率指标不能检测到具身操作的效应。

对负荷×策略×转换与否的交互效应做简单效应分析：

（1）低负荷时，除策略主效应显著外，其他主效应和交互效应均不显著，表明在低外在认知负荷条件下，正确率指标不存在转换成本。

（2）高负荷时，除策略主效应显著外，策略×转换与否的交互效应显著，$F(1, 233)=7.98$，$p<0.01$，$\eta p^2=0.033$。进一步经过Bonferroni校正的成对比较发现，只有DU策略在重复条件下的正确率显著大于转换，表明出现了转换成本。

（3）比较低高负荷可见，相比于低负荷时不存在任何转换成本，高负荷使得DU策略产生了转换成本。这是三个具身操作组合在一起产生的总体结果。

上述数据分析说明：从正确率指标上无法检测出具身操作产生的影响，主要还是通过外在认知负荷影响策略的转换。较高的外在认知负荷对于策略转换具有一定阻碍作用，使得DU策略转换的正确率显著低于重复。

2.1.2 检测反应时指标的具身操作效果

三个具身组的低/高负荷下两类策略的策略转换和策略重复的反应时结果见表8.14。

表8.14 三个具身组的低/高负荷下两类策略的策略转换和策略重复的反应时（ms）

具身组别（n）	无具身组（n=71）	书空具身组（n=85）	书写具身组（n=78）
低负荷 DU 重复	2871.47±916.79	3202.34±1065.5	3365.77±1184.75
低负荷 DU 转换	2885.05±852.59	3255.97±1069.94	3349.57±993.35
低负荷 UD 重复	2607.53±739.87	2952.58±1014.39	3025.47±961.19
低负荷 UD 转换	2733.53±775.25	3055.19±977.23	3155.25±955.85
高负荷 DU 重复	3206.83±1185.97	3469.93±1250.39	3582.92±1397.34
高负荷 DU 转换	3410.32±1308.58	3571.36±1157.41	3691.9±1333.72
高负荷 UD 重复	3044.42±1190.51	3205.02±1114.49	3240.54±1125.85
高负荷 UD 转换	3234.01±1319.87	3341.63±1130.71	3396.82±1159.79

以上统计结果显示：①无论何种情况下，高外在认知负荷条件下的反应时明显高于低外在认知负荷；②同种负荷条件下，DU策略反应时显著大于UD策略。

以估算反应时（表8.14）为因变量，进行3（具身操作：无具身 vs 书空具身 vs 书写具身）×2（负荷：低 vs 高）×2（策略：DU vs UD）×2（转换与否：重复 vs 转换）的方差分析，其中第一个为被试间变量，后三者为被试内变量。结果发现：

（1）负荷主效应显著，$F(1, 233)=86.04$，$p<0.001$，$\eta p^2=0.271$，高负荷时反应时显著大于低负荷时。

（2）策略主效应显著，$F(1, 233)=108.46$，$p<0.001$，$\eta p^2=0.320$，DU策略反应时显著大于UD策略。

（3）转换主效应显著，$F(1, 233)=70.49$，$p<0.001$，$\eta p^2=0.234$，转换反应时显著大于重复。

（4）负荷×转换与否交互效应显著，$F(1, 233)=11.49$，$p<0.01$，

$\eta p^2 = 0.047$，表明高低负荷会影响转换与重复的差异（即转换成本）。

对负荷×转换与否交互效应的简单效应分析如下：

①低负荷时，转换与否主效应显著，$F(1, 233)=15.17$，$p < 0.001$，$\eta p^2 = 0.062$，转换反应时显著大于重复。

②高负荷时，转换与否主效应显著，$F(1, 233)=70.73$，$p < 0.001$，$\eta p^2 = 0.234$，转换反应时显著大于重复。

③根据结果①②可见，相比于低负荷，高负荷增加了转换与否主效应的效应量ηp^2。

（5）策略×转换与否的交互效应显著，$F(1, 233)=7.66$，$p < 0.01$，$\eta p^2 = 0.042$，表明策略类型会影响转换与重复的差异（即转换成本）。

对策略×转换与否交互效应的简单效应分析如下：

① DU策略，转换与否主效应显著，$F(1, 233)=15.48$，$p < 0.001$，$\eta p^2 = 0.063$，转换反应时显著大于重复。

② UD策略，转换与否主效应显著，$F(1, 233)=96.36$，$p < 0.001$，$\eta p^2 = 0.294$，转换反应时显著大于重复。

③可见，相比于DU策略，UD策略增加了转换与否主效应的效应量ηp^2。同理，由于这些简单效应是三个具身操作组合起来得到的，因此意义不大。

（6）其他自变量特别是具身操作的主效应及交互效应均不显著，$ps>0.05$。可见通过反应时指标也不能检测到具身操作的效应。

其他自变量特别是具身操作的主效应和交互效应均不显著，表明通过反应时指标不能检测到具身操作的效应。

以上数据分析说明：①从反应时指标上无法检测出具身操作产生的影响，主要还是外在认知负荷以及策略类型本身影响策略的转换；②较高的外在认知负荷对于策略转换有一定的阻碍作用，同时DU策略的转换明显比UD策略稍难；③策略转换的反应时明显大于策略重复。这些结果基本与实验3一致,也就是说,从整体反应时指标上反映不出具身操作的影响。

2.1.3 检测转换成本与SSD效应的具身操作效果

三个具身操作组被试在高低负荷下两类策略的策略转换正确率和反应时成本见表8.15。

表8.15 三个具身操作组被试在高低负荷下两类策略的
策略转换正确率和反应时成本（$M \pm SD$）

	正确率			反应时（ms）		
	无具身组（71）	书空具身（85）	书写具身（78）	无具身组（71）	书空具身（85）	书写具身（78）
低负荷DU转换成本	0±0.05	0±0.04	0±0.05	13.58±330.93	53.63±372.69	−16.2±466.4
低负荷UD转换成本	0±0.04	0±0.04	0±0.05	126±291.56	102.61±333.72	129.78±271.93
高负荷DU转换成本	0.01±0.04	0±0.04	0±0.05	203.49±459.77	101.44±359.76	108.98±458.88
高负荷UD转换成本	0±0.02	0±0.04	0±0.04	189.59±298.38	136.61±298.48	156.28±325.67

以上统计结果显示:①在正确率指标上,高低负荷之下的三组具身操作被试的策略转换成本几乎为零,检测不出;②在反应时指标上,高负荷状态下的策略转换成本都大于低负荷状态下的策略转换成本。

2.1.3.1 策略转换成本存在与否

由于转换成本存在与否的经典操作性定义是重复试次与转换试次的反应时是否差异显著,因此进一步做每种自变量水平下重复与转换正确率/反应时的成对比较,通过考察转换成本是否存在及其差异性来检测具身操作的效应。结果发现:

（1）正确率指标上都不存在转换成本,$ps > 0.05$。

（2）反应时指标上：① 低负荷时三个具身组DU策略的重复与转换差异不显著，$p > 0.05$；UD策略转换反应时都显著大于重复，$ps < 0.05$，出现了转换成本。② 高负荷时三个具身组DU/UD策略的转换反应时都显著大于重复，$ps < 0.05$，可见这两者都出现了转换成本。

以上数据分析说明：不管是正确率指标还是反应时指标，三个具身操作组转换成本存在与否的情况完全相同，没有检测到具身操作的效果。

进一步以反应时转换成本为因变量分析，反应时转换成本见表8.16。

2.1.3.2 策略转换成本分析

以反应时转换成本（表8.16）为因变量，进行3（具身操作：无具身 vs 书空具身 vs 书写具身）×2（负荷：低 vs 高）×2（策略：DU vs UD）的方差分析，其中第一个为被试间变量，后两者为被试内变量。结果发现，具身操作与其他自变量的交互效应均不显著，$p > 0.05$，可见具身操作不影响反应时的转换成本。

2.1.3.3 策略转换的SSD效应

那么具身操作是否会影响SSD效应呢？因此，需要进一步对三组具身操作条件下相同负荷水平的UD策略转换成本与DU策略转换成本进行成对比较分析：

（1）无具身时，低负荷下UD策略转换成本显著大于DU策略，$p < 0.05$；高负荷下两者差异不显著，$p > 0.05$。因此，低负荷下存在SSD效应，高负荷则消除了SSD效应。

（2）书空具身时，低/高负荷下UD策略和DU策略的转换成本差异都不显著，$ps > 0.05$。虽然差异不显著，但是低负荷下DU策略的转换与重复差异不显著，即没有转换成本，而UD策略的转换反应时显著大于重复，即出现了转换成本，因此低负荷下UD的转换成本在性质上大于DU。所以，低负荷下存在SSD效应，高负荷消除了SSD效应。

（3）书写具身与无具身时结果相同，低负荷下UD策略的转换成本显著大于DU策略，$p < 0.05$；高负荷下两者差异不显著，$p > 0.05$。因此，低负荷下存在SSD效应,高负荷同样消除了SSD效应。

比较三组,三组低负荷时都出现了SSD效应,高负荷时由于DU策略出现了转换成本,都消除了SSD效应。可见具身操作不影响SSD效应。

将转换成本负荷效应定义为高低负荷转换成本的差值,高低负荷SSD效应见表8.16。

表8.16 高低负荷下两类策略的反应时转换成本的

SSD效应量和负荷效应($M\pm SD$)

	正确率	反应时（ms）
无具身组低负荷SSD效应	0±0.05	112.42±357.11
无具身组高负荷SSD效应	−0.01±0.04	−13.9±482.77
书空具身组低负荷SSD效应	0±0.06	48.98±481.34
书空具身组高负荷SSD效应	0±0.07	35.17±476.02
书写具身组低负荷SSD效应	0±0.07	145.99±506.57
书写具身组高负荷SSD效应	−0.01±0.06	47.3±561.97
无具身DU转换成本负荷效应	0.01±0.06	189.91±565.54
无具身UD转换成本负荷效应	−0.01±0.04	63.59±423.14
书空具身DU转换成本负荷效应	0±0.06	47.81±498.93
书空具身UD转换成本负荷效应	0±0.05	34±456.13
书写具身DU转换成本负荷效应	0±0.08	125.18±614.74
书写具身UD转换成本负荷效应	0±0.06	26.49±393.48

以上统计结果显示:①在正确率指标上,高低负荷之下的三组具身操作被试的SSD效应检测不出;②在反应时指标上,同种具身操作,高负荷条件下的SSD效应量都要小于低负荷条件下。

由于SSD效应是DU和UD策略转换成本的差值,转换成本负荷效应是高低负荷差值,其信息已包含在上文对转换成本的策略和负荷主效应及其与其他自变量的交互效应的方差分析中,为避免重复和繁琐,故不再做方差分析。

以上数据分析说明:具身操作不影响转换与否、策略转换成本以及SSD效应,在反应时、正确率、测量转换成本以及SSD效应上都检测不到具身操作的影响。当然，这可能是由于个体差异造成的。由实验2可见，存在三类选择偏好的被试类型：偏好DU、偏好UD、最佳选择。由于三类被试对两种策略的偏好不同，可能造成两种策略的转换不同，从而受具身操作的影响也不同。上述分析没有区分出三类被试，三类被试受具身操作的影响可能互相抵消，导致检测不到具身操作的效果。因此，下面分别考察三类被试各自具身操作的效果。

2.2 三类选择偏好被试的具身效果分析

通过实验2发现，在策略选择上存在四种偏好类型的被试，那么这四类被试的策略转换受具身操作的影响就可能不同。由于随机选择的被试太少，无法做统计检验，因此下面只考察三类偏好类型的被试。由于上一节分析已证明通过正确率指标无法检测到转换与否，而反应时指标能够检测到，因此只以反应时为指标考察策略选择偏好对策略转换的影响。

2.2.1 检测策略选择偏好对具身操作效果的影响

将策略选择偏好作为自变量，以估算反应时为因变量，进行3（具身操作：无具身 vs 书空具身 vs 书写具身）×3（策略选择偏好：偏好DU vs 偏好UD vs 最佳选择）×2（负荷：低 vs 高）×2（策略：DU vs UD）×2（转换与否：重复 vs 转换）的方差分析，前两个为被试间变量，后三个为被试内变量。

由于上文已全面分析了2（负荷：低 vs 高）×2（策略：DU vs UD）×2（转换与否：重复 vs 转换）的主效应和交互效应，为避免重复和繁琐，此处只呈现和分析策略选择偏好和具身操作的效应。结果发现：

（1）策略选择偏好×转换与否的交互效应显著，$F(1, 233)=3.47$，$p<0.05$，$\eta p^2=0.032$，表明策略选择偏好会影响转换与重复的差异（即转换成本）。

（2）具身操作×策略选择偏好×策略×转换与否的交互效应显著，$F(1, 233)=3.52$，$p<0.01$，$\eta p^2=0.062$，表明具身操作会影响策略选

择偏好对不同策略转换与重复差异的效应。

以上数据分析说明：具身操作会因为被试策略选择偏好的不同而对策略转换产生不同的影响。如果不考虑策略选择偏好，则具身操作对转换没有影响；但如果加入被试策略选择偏好后，具身操作对转换的影响就体现出来了。

2.2.2 分别检测三类策略选择偏好被试的具身操作效果

进一步分别考察三类策略选择偏好被试的转换受具身操作的影响（表8.17），即进行简单效应分析。

表8.17 三类偏好被试在三个组高低负荷下两类策略的
策略转换和策略重复的反应时（ms）（$M \pm SD$）

	偏好 DU		
	无具身组（25）	书空具身（30）	书写具身（28）
低负荷 DU 重复	2710.95±816.12	3024.49±910.18	3253.61±1266.7
低负荷 DU 转换	2760.95±675.24	2977.97±783.49	3350.88±1095.6
低负荷 UD 重复	2527.89±641.99	2870.24±871.84	3012.12±1132.13
低负荷 UD 转换	2663.69±655.83	3041.05±833.37	3123.32±1073.92
高负荷 DU 重复	3051.38±1151.05	3203.28±990.57	3497.64±1279.72
高负荷 DU 转换	3244.3±1199.43	3355.16±863.44	3714.07±1370.4
高负荷 UD 重复	2968.91±951.72	3094.57±923.27	3370.59±1339.41
高负荷 UD 转换	3172.4±1128.64	3286.64±1027.04	3507.35±1301.59

	偏好 UD		
	无具身组（20）	书空具身（23）	书写具身（20）
低负荷 DU 重复	3074.05±985.24	3279.91±1153.38	3334.45±990.09
低负荷 DU 转换	3005.31±1008.75	3486.82±1322.57	3413.7±968.06
低负荷 UD 重复	2694.88±912.43	2876.94±945.56	2966.81±807.22
低负荷 UD 转换	2916.95±1081.67	3031.01±1073.92	3133.34±810.53
高负荷 DU 重复	3361.46±1435.18	3651.95±1407.85	3648.19±1493.98
高负荷 DU 转换	3494.54±1417.2	3796.12±1387.11	3770.52±1359.15
高负荷 UD 重复	3150.89±1419.45	3240.9±1225.16	3172.06±1070.57
高负荷 UD 转换	3291.16±1456.31	3402.27±1238.1	3417.12±1128.52

续表

	最佳选择		
	无具身组（21）	书空具身（27）	书写具身（28）
低负荷DU重复	2898.27±1011.1	3408.93±1181.74	3525.81±1270.48
低负荷DU转换	2988.74±940.74	3480.69±1106.06	3335.83±954.48
低负荷UD重复	2603.94±662.3	3245.81±1214.87	3110.62±907.38
低负荷UD转换	2673.04±588.41	3199.44±1097.53	3237.23±957.9
高负荷DU重复	3194.1±944.6	3759.23±1375.87	3690.9±1501.44
高负荷DU转换	3466.41±1308.78	3738.48±1253.51	3679.36±1344.02
高负荷UD重复	3008.35±1266.88	3453.09±1239.24	3199.64±948.54
高负荷UD转换	3214.79±1448.56	3528.36±1185.55	3327.95±1065.41

（1）对于偏好选择DU策略的被试

进行3（具身操作：无具身 vs 书空具身 vs 书写具身）×2（负荷：低 vs 高）×2（策略：DU vs UD）×2（转换与否：重复 vs 转换）的方差分析，第一个为被试间变量，后三个为被试内变量。结果发现：

①负荷、策略和转换的主效应都显著，负荷×转换与否的交互效应显著，$ps < 0.05$。由于这些效应是三个具身操作组合得到的，意义不大，因此不再做进一步的简单效应分析或成对比较。

②具身操作与其他各自变量的交互效应都不显著，$ps > 0.05$。

以上结果说明：对于偏好DU策略的被试，具身操作不影响策略转换。

（2）对于偏好选择UD策略的被试

进行3（具身操作：无具身 vs 书空具身 vs 书写具身）×2（负荷：低 vs 高）×2（策略：DU vs UD）×2（转换与否：重复 vs 转换）的方差分析，第一个为被试间变量，后三个为被试内变量。结果发现：

①负荷、策略和转换的主效应都显著，$ps < 0.05$。由于这些效应是三个具身操作组合得到的，意义不大，因此不再做进一步分析。

②具身操作与其他各自变量的交互效应都不显著，$ps > 0.05$。

以上结果说明：对于偏好UD策略的被试，具身操作不影响策略转换。

（3）对于最佳选择的被试

进行3（具身操作：无具身 vs 书空具身 vs 书写具身）×2（负荷：低 vs 高）×2（策略：DU vs UD）×2（转换与否：重复 vs 转换）的方差分析，其中第一个为被试间变量，后三个为被试内变量。结果发现：

① 负荷、策略、转换的主效应都显著，$ps < 0.01$。由于这些效应是三个具身操作组合得到的，意义不大，因此不再做进一步分析。

②具身操作×转换与否的交互效应显著，$F(2, 76) = 5.32$，$p < 0.01$，$\eta p^2 = 0.127$，表明具身操作影响转换与重复的差异，即转换成本。

③具身操作×策略×转换与否的交互效应显著，$F(2, 76) = 3.93$，$p < 0.05$，$\eta p^2 = 0.097$，表明具身操作对不同策略的转换与重复的差异，即转换成本的影响不同。

④具身操作×负荷×策略×转换与否的交互效应显著，$F(2, 76) = 3.38$，$p < 0.05$，$\eta p2 = 0.085$，表明具身操作对不同负荷下不同策略的转换与重复的差异，即转换成本的影响不同。

以上统计数据说明：①对选择最佳策略的被试，具身操作影响其策略转换，这个结果不同于偏好DU策略和偏好UD策略的被试；②比较三类偏好的被试可见，具身操作只对最佳选择被试的转换产生普遍影响；③不论偏好DU策略、UD策略以及选择最佳策略的被试，外在认知负荷以及策略类型对于其策略转换都存在影响。

2.2.3 检测三类策略选择偏好被试的策略转换成本情况及SSD效应的具身操作效果

为了揭示具身操作的具体影响，又由于转换成本存在与否的经典操作性定义是转换试次与重复试次的反应时是否差异显著，因此进一步做每种自变量水平下重复与转换正确率/反应时的成对比较，通过考察转换成本是否存在来检测具身操作的效应。

表8.18　三类偏好被试在三个组高低负荷下两类策略的

策略转换和重复的反应时差异（*t*值）

	偏好 DU		
	无具身组（25）	书空具身（30）	书写具身（28）
低负荷 DU 重复与转换	−0.66	−0.84	−0.95
低负荷 UD 重复与转换	−3.42**	−3.38**	−1.99
高负荷 DU 重复与转换	3.23**	2.17*	3.21**
高负荷 UD 重复与转换	−3.08**	−3.28**	−2.45*

	偏好 UD		
	无具身组（20）	书空具身（23）	书写具身（20）
低负荷 DU 重复与转换	−0.91	−2.58*	−0.95
低负荷 UD 重复与转换	−3.02**	−1.85	−3.12**
高负荷 DU 重复与转换	−1.36	−1.95	−0.87
高负荷 UD 重复与转换	−2.42*	−2.12*	−2.50*

	最佳选择		
	无具身组（21）	书空具身（27）	书写具身（28）
低负荷 DU 重复与转换	−1.53	−0.95	2.42*
低负荷 UD 重复与转换	−0.99	0.76	−2.34*
高负荷 DU 重复与转换	−1.98	0.31	0.15
高负荷 UD 重复与转换	−3.20**	−1.78	−2.61*

表8.19　三类偏好被试在三个组高低负荷下两类策略的

策略转换反应时成本（ms）（$M\pm\text{SD}$）

	偏好 DU		
	无具身组（25）	书空具身（30）	书写具身（28）
低负荷 DU 转换成本	50.01 ± 380.67	−46.52 ± 304.73	97.27 ± 542.15
低负荷 UD 转换成本	135.8 ± 195.63	170.81 ± 277.24	111.21 ± 295.2
高负荷 DU 转换成本	192.93 ± 298.99	151.88 ± 384.24	216.43 ± 357.01
高负荷 UD 转换成本	203.48 ± 333.91	192.06 ± 320.91	136.76 ± 294.86

续表

	偏好 UD		
	无具身组（20）	书空具身（23）	书写具身（20）
低负荷 DU 转换成本	−68.74±338.41	206.91±385.42	79.25±373.88
低负荷 UD 转换成本	222.07±329.12	154.07±399.92	166.53±239.08
高负荷 DU 转换成本	133.07±436.63	144.17±354.35	122.33±626.29
高负荷 UD 转换成本	140.27±259.69	161.37±365.49	245.06±438.78

	最佳选择		
	无具身组（21）	书空具身（27）	书写具身（28）
低负荷 DU 转换成本	90.47±271.07	71.76±394.11	−189.98±415.32
低负荷 UD 转换成本	69.09±319.16	−46.38±316.97	126.62±286.09
高负荷 DU 转换成本	272.31±629.11	−20.75±344.01	−11.54±410.96
高负荷 UD 转换成本	206.44±295.54	75.27±220.2	128.31±259.44

根据表8.18和表8.19可知：

（1）对于偏好DU的被试

①无具身组：低负荷UD有转换成本，低负荷DU没有转换成本，因此低负荷时出现了SSD效应。高负荷DU/UD的转换反应时都显著大于重复，高负荷DU/UD都存在转换成本。根据表8.20策略转换成本差异检验，经过Boffnoren校正后的成对比较发现两者转换成本差异不显著，$p>0.05$，因此SSD效应消失。

②书空具身组：低负荷UD有转换成本，低负荷DU没有转换成本，因此低负荷时出现了SSD效应。高负荷DU/UD的转换反应时都显著大于重复，高负荷DU/UD都存在转换成本。根据表8.20策略转换成本差异检验，经过Boffnoren校正后的成对比较发现两者转换成本差异不显著，$p>0.05$，因此SSD效应消失。结果与无具身组相同，没有改变转换成本和SSD效应。

③书写具身组：高负荷下DU/UD策略转换反应时都显著大于重复，高负荷DU/UD都存在转换成本。根据表8.20策略转换成本差异检验，经过

Boffnoren校正后的成对比较发现两者转换成本差异不显著，$p>0.05$，因此SSD效应不存在；低负荷下DU/UD都没有转换成本，差异不显著，因此消除了无具身时低负荷UD的转换成本，即消除了低负荷时的SSD效应。

结果情况归纳见表8.20与图8.6。

表8.20 偏好DU策略被试的策略转换成本及SSD效应情况

		UD策略转换成本	DU策略转换成本	SSD效应
无具身组	低负荷	1	0	1
	高负荷	1	1	0
书空具身组	低负荷	1	0	1
	高负荷	1	1	0
书写具身组	低负荷	0	0	0
	高负荷	1	1	0

注：1表示存在，0表示不存在。

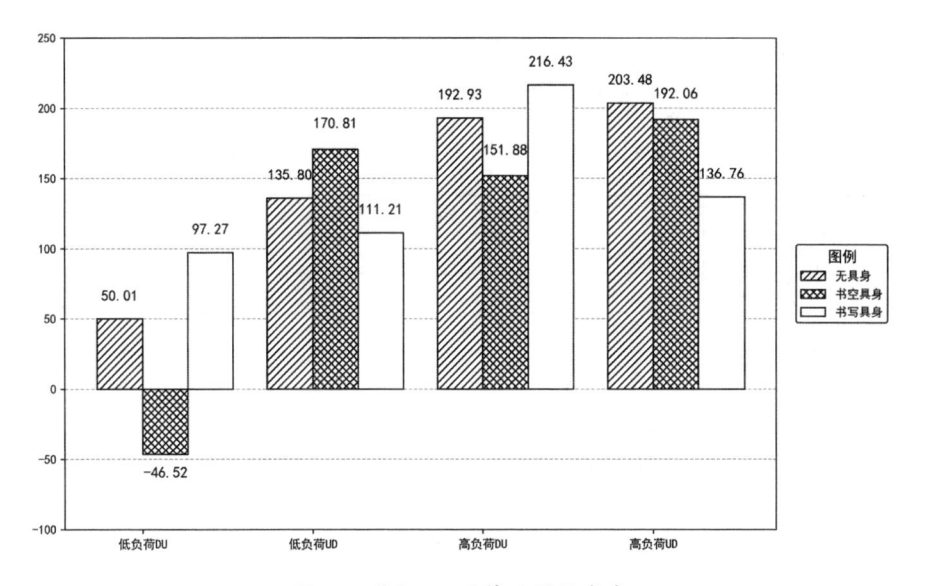

图8.6 偏好DU的策略转换成本

以上数据分析说明：偏好DU的被试，书空具身相对于无具身操作不产生任何影响，但是书写具身消除了无具身低负荷下UD策略转换成本，从而消除了低负荷状态下的SSD效应。

（2）对于偏好UD的被试

①无具身组：低/高负荷下UD策略出现了转换成本，低/高负荷下DU策略都没有转换成本，因此低/高负荷下都存在SSD效应。

②书空具身组：低负荷下UD没有转换成本，但是DU却存在转换成本，即消除了无具身时存在的低负荷UD的转换成本，而产生了无具身时并不存在的低负荷DU的转换成本，因此书空具身虽然消除了低负荷SSD效应，但是产生了低负荷SSD负效应（即DU策略转换成本大于UD策略，而按照SSD效应的经典定义应该是UD策略转换成本大于DU策略转换成本）；高负荷状态下UD策略存在转换成本，而DU策略不存在转换成本，因此存在SSD效应，和无具身组结果一致。

③书写具身组：相对于无具身完全一致，没有改变任何转换成本和SSD效应。低/高负荷下UD策略出现了转换成本，低/高负荷下DU策略都没有转换成本，因此低/高负荷下都存在SSD效应。

结果情况归纳见表8.21与图8.7。

表8.21　偏好UD策略被试的策略转换成本及SSD效应情况

		UD策略转换成本	DU策略转换成本	SSD效应
无具身组	低负荷	1	0	1
	高负荷	1	0	1
书空具身组	低负荷	0	1	−1
	高负荷	1	0	1
书写具身组	低负荷	1	0	1
	高负荷	1	0	1

注：1表示存在，0表示不存在。

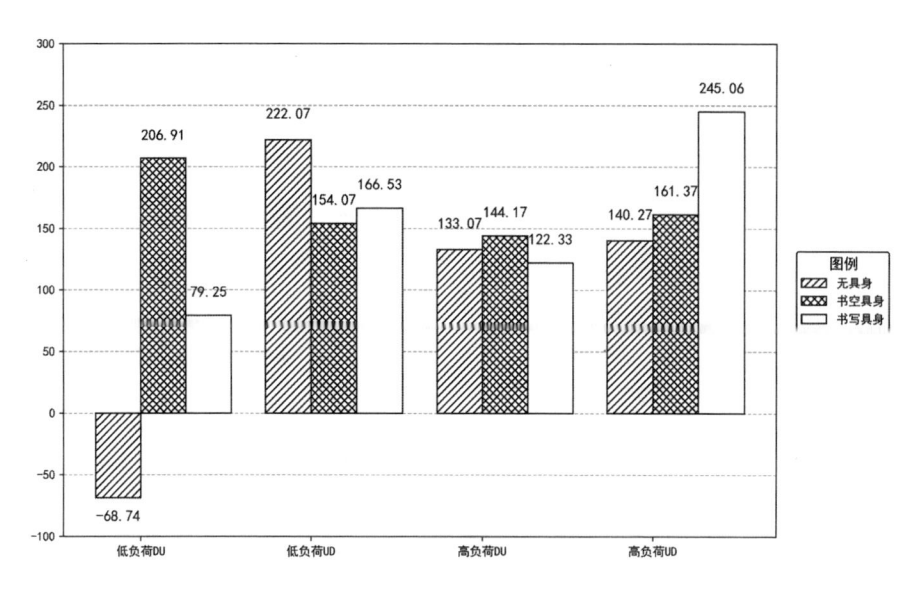

图8.7 偏好UD的策略转换成本

以上数据分析说明：偏好UD的被试，书写具身相对于无具身操作不产生任何影响，但是书空具身消除了无具身低负荷下的UD策略转换成本，但是又增加了无具身低负荷下的DU策略转换成本，虽然消除了低负荷状态下的SSD效应，但是产生了低负荷状态下的SSD负效应。

（3）对于最佳选择的被试

①无具身组：低负荷UD/DU都没有转换成本，因此低负荷没有SSD效应；只有高负荷UD出现了转换成本，高负荷DU没有转换成本，因此存在高负荷下的SSD效应。

②书空具身组：低/高负荷下UD/DU都不存在转换成本，因此低/高负荷下都不存在SSD效应，消除了无具身组高负荷下的SSD效应。

③书写具身组：低负荷时DU出现了负转换成本——重复反应时显著大于转换，说明转换变得更容易，UD出现了转换成本，这与无具身组完全相反。因此，书写具身产生并加剧了低负荷时的SSD效应。高负荷下DU没有转换成本，UD存在转换成本，出现了SSD效应，这与无具身组相同。

结果情况归纳见表8.22与图8.8。

表8.22 最佳选择策略被试的策略转换成本及SSD效应情况

		UD 策略转换成本	DU 策略转换成本	SSD 效应
无具身组	低负荷	0	0	0
	高负荷	1	0	1
书空具身组	低负荷	0	0	0
	高负荷	0	0	0
书写具身组	低负荷	1	1（-）	1（加剧）
	高负荷	1	0	1

注：1表示存在，0表示不存在。

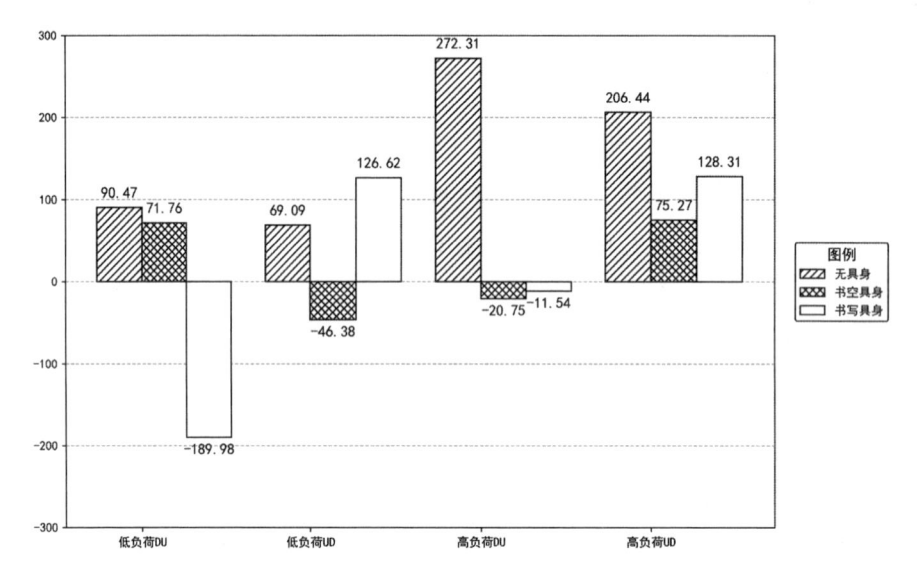

图8.8 最佳选择的策略转换成本

以上数据分析说明：灵活选择最佳策略的被试，书空具身和书写具身操作都有一定的效果。书空具身相对于无具身组，消除了高负荷下UD的转换成本，消除了低负荷状态下的SSD效应；书写具身产生了无具身时并不存在的低负荷的UD转换成本，同时产生了低负荷DU的负转换成本（重复反应时显著大于转换），因此书写具身产生并加剧了低负荷时的SSD效应。

第八章 实验设计与研究

反应时转换成本的经典操作性定义是转换反应时减去重复反应时，因此进一步考察转换成本是否受具身操作影响。

以反应时转换成本为因变量，进行3（具身操作：无具身 vs 书空具身 vs 书写具身）×3（策略选择偏好：偏好DU vs 偏好UD vs 最佳选择）×2（负荷：低 vs 高）×2（策略：DU vs UD）的方差分析，前两个为被试间变量，后三个为被试内变量。结果发现：①负荷、策略的主效应都显著，$ps < 0.05$，表明负荷和策略影响转换成本；②具身操作×策略选择偏好×策略的交互效应显著，$F(4, 74) = 3.52$，$p < 0.01$，$\eta p^2 = 0.062$，表明具身操作对不同选择偏好和不同策略的转换成本的影响不同。可见，具身操作确实影响了转换成本，但需要通过策略选择偏好才能起作用。由于之前的方差分析和成对比较已详细考察了每个自变量水平下转换成本的差异，因此此处不再重复。

高低负荷下的SSD效应见表8.23。

表8.23 高低负荷下两类策略的反应时转换成本的SSD效应量（$M \pm SD$）

	偏好DU	
	正确率	反应时（ms）
无具身组低负荷SSD效应	0.00±0.05	85.79±415.05
无具身组高负荷SSD效应	−0.01±0.04	10.56±447.93
书空具身组低负荷SSD效应	−0.02±0.06	217.33±433.69
书空具身组高负荷SSD效应	−0.01±0.07	40.18±497.44
书写具身组低负荷SSD效应	−0.02±0.06	13.93±528.9
书写具身组高负荷SSD效应	−0.02±0.05	−79.68±391.65

	偏好UD	
	正确率	反应时（ms）
无具身组低负荷SSD效应	0.02±0.05	290.81±269.07
无具身组高负荷SSD效应	−0.02±0.04	7.2±516.51
书空具身组低负荷SSD效应	−0.01±0.05	−52.85±580.46
书空具身组高负荷SSD效应	0.01±0.06	17.2±550.64
书写具身组低负荷SSD效应	0.03±0.08	87.28±378.27
书写具身组高负荷SSD效应	−0.01±0.06	122.73±752.04

续表

	最佳选择	
	正确率	反应时（ms）
无具身组低负荷 SSD 效应	−0.02±0.06	−21.38±329.73
无具身组高负荷 SSD 效应	0.00±0.04	−65.88±559.53
书空具身组低负荷 SSD 效应	0.02±0.05	−118.13±373.64
书空具身组高负荷 SSD 效应	−0.01±0.06	96.02±418.1
书写具身组低负荷 SSD 效应	0.00±0.06	316.6±545.38
书写具身组高负荷 SSD 效应	0.01±0.06	139.86±555.54

由于上一节的方差分析和成对比较已详细考察了DU和UD转换与否的差异，因此此处不再重复。

2.3 策略选择偏好分类的稳定性分析

策略选择偏好类型是在实验2的策略选择中得到的，那么它是否是一种具有信效度的偏好类型呢？即三种偏好类型的被试在其他认知任务中能否稳定有效地表现出差异？下面将进行验证。

在本实验对具身操作影响策略转换的研究中，引入策略选择偏好类型后，成功检测到了具身操作的效应，说明策略选择偏好类型对本实验是有效的。但这只是对检测三种具身操作之间的差异有效，那么在同一种具身操作中，三种偏好类型能否同样检测到转换的显著差异呢？由于转换成本越少，表明转换能力越强，由表8.24、表8.25和表8.26可知：

（1）无具身组

①在转换能力上，最佳选择被试（高负荷UD出现转换成本）>偏好UD的被试（高低负荷UD均出现转换成本）>偏好DU的被试（低负荷UD、高负荷DU/UD均出现转换成本）。

②由于SSD效应越少，表明对难度敏感性越小，因此无具身组在难度敏感性上，最佳选择被试（只在高负荷出现SSD效应）＝偏好DU的被试（只在低负荷出现SSD效应）<偏好UD的被试（高低负荷均出现SSD效应）。

具体情况见表8.24。

表8.24　无具身策略转换成本及SSD效应情况

		UD策略转换成本	DU策略转换成本	SSD效应
偏好DU	低负荷	1	0	1
	高负荷	1	1	0
偏好UD	低负荷	1	0	1
	高负荷	1	0	1
最佳选择	低负荷	0	0	0
	高负荷	1	0	1

注：1表示存在，0表示不存在。

以上数据分析说明：无具身组中，不同策略选择偏好被试的策略转换成本和SSD效应存在普遍的显著差异，策略选择偏好影响策略的转换。以转换能力和难度敏感性为指标，发现最佳选择被试的转换能力最强，难度敏感性最小。

（2）书空具身操作组

①在转换能力上，仍然是最佳选择被试（没有出现转换成本）＞偏好UD的被试（低负荷DU和高负荷UD均出现了转换成本）＞偏好DU的被试（低负荷UD、高负荷DU/UD均出现转换成本）。

②在难度敏感性上，最佳选择被试（没有出现SSD效应）＜偏好UD的被试（低负荷均出现SSD负效应，高负荷出现SSD效应）＜偏好DU的被试（低负荷出现SSD效应）。

具体情况见表8.25。

表8.25　书空具身策略转换成本及SSD效应情况

		UD策略转换成本	DU策略转换成本	SSD效应
偏好DU	低负荷	1	0	1
	高负荷	1	1	0
偏好UD	低负荷	0	1	1（-）
	高负荷	1	0	1
最佳选择	低负荷	0	0	0
	高负荷	0	0	0

注：1表示存在，0表示不存在。

以上数据分析说明：书空具身组中，不同策略选择偏好被试的策略转换成本和SSD效应存在普遍的显著差异，策略选择偏好影响策略的转换。仍然是最佳选择被试的转换能力最强，难度敏感性最小。

（3）书写具身操作组

①在转换能力上，最佳选择被试（高低负荷UD均出现转换成本，低负荷DU均出现负转换成本）>偏好UD的被试（高低负荷UD均出现转换成本）=偏好DU的被试（高负荷DU/UD均出现转换成本）。

②在难度敏感性上，偏好DU的被试（没有出现SSD效应）<偏好UD的被试（高低负荷均出现SSD效应）<最佳选择被试（高低负荷均出现SSD效应，且低负荷加剧了SSD效应）。

具体情况见表8.26。

表8.26 书写具身策略转换成本及SSD效应情况

		UD策略转换成本	DU策略转换成本	SSD效应
偏好DU	低负荷	0	0	0
	高负荷	1	1	0
偏好UD	低负荷	1	0	1
	高负荷	1	0	1
最佳选择	低负荷	1	1（－）	1（加剧）
	高负荷	1	0	1

注：1表示存在，0表示不存在。

以上数据分析说明：不同策略选择偏好被试的策略转换成本和SSD效应在书写具身组中也存在普遍的显著差异，策略选择偏好影响策略的转换。书写具身组中，难度敏感性指标与无具身和书空具身组发生了变化，难度敏感性最小的是偏好DU策略的被试，但最佳选择被试的转换能力仍然是最强。

综上所述，本研究将三组具身操作内部按照三类策略选择偏好被试进行考察发现：

（1）三个具身操作组各自内部不同策略选择偏好类型的转换成本（转换能力）和SSD效应（难度敏感性）都存在普遍差异。

（2）整体情况来看，在策略转换能力上都是最佳选择的被试最强，而偏好DU策略的被试最弱。

（3）整体情况来看，除书写具身情况下，难度敏感性都是最佳选择的被试最小，偏好DU策略的被试最大；但在书写具身操作下，其影响较大，在这种情况下，偏好DU策略的被试难度敏感性最小，最佳选择的被试难度敏感性最大。

（4）三类策略偏好类型能够有效且普遍地在三个具身操作组内部和之间检测到三类被试在转换成本和SSD效应上的差异，在实验4和实验3中表现出良好的稳定性和有效性。

那么，策略偏好类型是否能够有效检测到策略执行的差异呢？对实验1中策略执行的正确率和反应时以及题型策略匹配性进行方差分析，结果发现策略偏好类型与其他自变量的交互效应均不显著，$ps > 0.05$，表明策略偏好类型不影响策略执行。

那么还有一种可能，策略选择偏好类型虽然不影响策略执行的正确率和反应时，但有可能影响策略执行时的认知负荷，使得三种偏好类型的被试在完成策略执行时消耗的认知负荷不同，从而导致三者字母串再认任务的正确率存在差异。因此，以策略执行时字母串再认任务的正确率为因变量，进行3（策略选择偏好：偏好DU vs 偏好UD vs 最佳选择）×2（负荷：低 vs 高）×2（策略：DU vs UD）×2（题型与策略的匹配性：匹配 vs 不匹配）的方差分析，其中第一个是被试间变量，后三个是被试内变量。结果发现，策略偏好类型与其他自变量的交互效应也都不显著，$ps > 0.05$。可见，策略选择偏好类型并不影响策略执行。

那么，策略选择偏好是否与稳定的人格特征相关呢？下面以大五人格五大维度得分为因变量，进行单因素（策略选择偏好：偏好DU vs 偏好UD vs 最佳选择）方差分析。

具体情况见表8.27。

表8.27 三种选择偏好类型被试的大五人格得分

	N	C	A	O	E
偏好 DU	2.69±0.67	3.65±0.6	3.92±0.55	3.65±0.72	3.19±0.76
偏好 UD	2.77±0.68	3.58±0.51	3.61±0.53	3.74±0.56	3.2±0.64
最佳选择	2.76±0.57	3.55±0.6	3.8±0.56	3.85±0.69	3.24±0.67
总和	2.74±0.64	3.6±0.58	3.79±0.56	3.74±0.67	3.21±0.69

注：神经质（N）外向性（E）开放性（O）宜人性（A）尽责性（C）。

结果发现：宜人性得分上，偏好DU的被试显著高于偏好UD的被试，$p < 0.05$，而与最佳选择的被试无显著差异，后两者之间也无显著差异，$ps > 0.05$。

即①偏好DU的被试显著高于偏好UD的被试；②偏好DU与最佳选择的被试无显著差异；③偏好UD与最佳选择的被试也无显著差异。

2.4 具身操作对高低负荷转换影响人格的差异

既然策略选择偏好与大五人格中的宜人性有关，而以上分析表明策略选择偏好会影响具身操作的效应，那么人格很可能也会影响具身操作的效应。因此，本实验以前后得分的0.27为标准，将五大维度分别划分为高低组，以反应时的转换成本为因变量，进行3（具身操作：无具身 vs 书空具身 vs 书写具身）×2（负荷：低 vs 高）×2（策略：DU vs UD）的方差分析，其中第一个为被试间变量，后两个为被试内变量。结果发现：

（1）只有对于高开放性的被试，负荷主效应显著，$F(1, 70) = 6.02$，$p < 0.001$，$\eta p^2 = 0.081$，高负荷时反应时显著大于低负荷时。

（2）策略主效应不显著，$p > 0.05$。

（3）具身操作×策略交互效应显著，$F(1, 70) = 3.36$，$p < 0.05$，$\eta p^2 = 0.090$，表明具身操作对不同策略转换成本的影响不同。其他主效应和交互效应均不显著，$ps > 0.05$。

①对具身操作×策略交互效应进行简单效应分析发现,只有在书写具身组中,策略主效应显著,$F(1, 27)=5.92$,$p<0.05$,$\eta p^2=0.180$,DU策略的转换成本显著小于UD策略,表明只有书写具身会增大不同策略转换成本的差异(即SSD效应)。

②进一步进行成对比较发现,高开放性被试在书写具身组低负荷时出现了SSD效应,即DU策略的转换成本显著小于UD策略;书写具身组高负荷时以及无具身组和书空具身组在高低负荷时均未出现SSD效应。

(4)以SSD效应为因变量,进行3(具身操作:无具身 vs 书空具身 vs 书写具身)×2(负荷:低 vs 高)的方差分析,前者为被试间变量,后者为被试内变量。

①具身操作与其他自变量的交互效应均不显著,$ps>0.05$。

②通过成对比较发现,在低神经质被试组中,低负荷下无具身组的SSD效应显著小于书写具身组,$p<0.05$;并且无具身时SSD效应与0的差异不显著,$ps>0.05$,而书写具身时SSD效应显著大于0,$p<0.001$。表明书写具身产生了无具身时并不存在的SSD效应。

以上数据分析说明:①高开放性被试的策略转换成本受具身操作影响;②低神经质被试的SSD效应受具身操作影响。

3 讨论

3.1 相关认知负荷的局限性——限定条件下发挥作用的具身操作

无论是正确率还是反应时指标,无论是否发生转换、转换成本还是SSD效应,都不能检测到具身操作的效应。而且,三种不同强度的具身操作组的转换结果都一样,同实验3。这说明具身操作作为一种调节手段,并不具有普遍适用性。它与学习策略不同,需要根据实际情况来分析其可能产生的影响,而且从目前的结果来看存在正向和负向之分。根据不同具身操作组在SSD效应上的表现可以看出,影响被试策略选择的并非具身操作本身,而是外在认知负荷。高外在认知负荷会导致低负荷下原本不存在的DU转换成本出现，从而消除低负荷下存在的SSD效应。由此也进一步证实了实验2和实验3中所讨论的观点"高外在认知负荷进一步提升了较难策略的难度"。说明相对于外在认知负荷影响的普遍性，作为相关认知负荷的具身操作，必须满足一定的条件才能发挥作用，因此其作用具有非普遍性。

第一，有可以充分利用的剩余认知资源存在。

具身调节必须有可以被利用的认知资源才能发挥作用。

综述部分提到，许多研究都表明，在一定的具身操作条件下，被试的学习效率能够显著提高，学习效果也有所加深，尤其是在语言学习和动作记忆方面的研究中尤为明显。但是本研究进一步深入分析发现，相关的研究大多是在无负荷条件下进行的，或并没有明确的外在认知负荷的条件下进行的，所以通过具身操作提高相关认知负荷能够取得良好的效果。但是具身操作本身并不能增加工作记忆总量或提升认知资源总量，它只是通过某种方式激发主体积极主动地参与认知加工过程，将剩余的认知资源用于认知加工过程中。如果主体本身的外在认知负荷和内在认知负荷已经过高，并无剩余可用的认知资源，那么具身操作引发的相关认知负荷亦无认知资源可调节，此时具身操作便无法发挥任何实际作用。所以这也是为什么加载外在认知负荷后，三组具身操作组都无法检测到具身作用的原因。因此，为了保证具身操作能够发挥作用，必须保证一定量的剩余认知资源的存在。

个体的认知资源是存在一定差异的，实验2中的策略选择偏好反映了个体一定的认知风格，在某种程度上也是其认知资源差异或加工能力差异的体现。因此，在高低外在认知负荷条件下，不同类型的被试表现出具身调节作用的差异。

第二，认知加工任务必须有一定的难度。

根据实验4的结果，在具身调节作用下，依据不同被试的策略选择偏好发现：较难策略的转换效果要优于较易策略的转换效果，这说明在一定难度的策略条件下，具身操作可以在认知负荷对策略转换的影响中起到调节作用。

根据综述部分，提升相关认知负荷的手段包括归纳、总结、分析等。但是所有相关认知负荷本身仍然需要占用一定的认知资源，也是一种认知加工过程，其作用在于引导主体更加关注认知任务的过程，增强主体的"卷入度"，从而充分调动和利用认知资源。如果任务本身过于简单，类似于本研究中的估算任务，对于大学生被试而言几乎没有任何难度（这也是为什么很多时候在正确率指标上检测不到差异的原因，产生了地板效应，被试的正确率都非常高，处于同一个水平线上没有差别），采用简单的估算策略已经能够很好地完成该认知加工任务，此时通过具身操作所加载的相关认知负荷在某种程度上反而延缓了认知加工过程。这一点在能够灵活选择最佳策略的被试群体中表现得尤为明显。此类被试的策略灵活性最强，简单的估算任务对其而言几乎不存在任何困难。在策略转换过程中加入书写具身这种强度较大的具身操作，可能会给这类被试带来新的外在认知负荷，甚至引发情绪上的厌烦，从而使得DU策略由无具身时的"不难"变成书写具身时的"较难"，甚至出现DU策略重复时的难度增加，导致策略转换更加困难。

当然，任务的难易程度本身是因人而异的，所以实验4中具身调节的作用只有通过对被试策略选择偏好的分析，才能检测出其实际影响。

第三，具身操作的调节作用必须针对特定的群体才能发挥作用。

具身操作发挥的作用与被试的策略选择偏好密切相关，并且这种相关性还因不同的具身操作方式而表现出不同的效果。根据上文第一、第二点所述，由于具身操作属于相关认知负荷，是对个体剩余认知资源的分配与加工，而个体之间的认知资源、认知风格及认知加工能力存在较大差异，因此只有在特定群体、特定条件下，具身操作才能发挥其调节作用，如书写具身和书空具身的操作方式，分别适用于不同的策略偏好群体。

3.2 策略选择偏好能检测到具身操作对高低负荷下策略转换的影响与差异

比较书空和书写两种具身操作，如果从强度而言，书写操作明显大于书空操作——除了具备相同的动作外，书写操作使被试能够获得一个触觉反馈的过程，即除了身体的运动外，还增加了身体与环境的接触，并由此产生信息反馈。按照具身认知的特征来说，应该包括涉身性、体验性和环境嵌入性三个方面（殷明 等，2016）。书空操作则仅仅是涉身性的表现，即身体肌肉与骨骼状态的改变，而书写操作则是涉身性与体验性的表现，既有个体身体状态的改变，也有与环境的相互作用，因此从具身操作强度而言，书写操作强度更大。而且有实验证实了不同手势的参与临摹在处理工作记忆的信息过程中其效果存在差异性（Hu et al., 2015）。因此，两者本应存在差异，但可能受个体差异的影响较大。

引入策略选择偏好类型后发现，具身操作×策略选择偏好×策略×转换与否的交互效应显著，具身操作对不同偏好类型的被试转换影响不同。将被试分为三类偏好后进行分析发现，具身操作对"最佳选择"被试的转换具有普遍影响，但对偏好DU和UD的被试的转换没有产生显著影响。采用转换成本存在与否的经典操作性定义，即转换试次与重复试次的反应时是否差异显著以及转换成本来考察，结果发现具身操作普遍影响三类偏好被试的转换成本：

（1）对于偏好DU的被试，书写具身能消除低负荷下UD的转换成本和低负荷下的SSD效应，书写具身是一种有效的具身操作；而书空具身则无效。这可能是因为该类被试偏好较难策略DU，DU策略本身的内在认知负荷较大，且被试又固执地偏好该策略，导致DU策略占用了更多的认知资源和认可度，更难以转换到UD策略。因此，只有强度较大的触觉反馈具身操作——书写具身才能有效地发挥作用，通过对策略线索的划写，增加了策略线索的相关认知负荷，对策略线索加工更深。一方面，对DU策略的线索划写减少了DU策略执行的外在认知负荷；另一方面，对UD策略的线索划写增加了对UD策略的认可度，从而降低了从DU转换到UD的难度，进而消除了低负荷下的SSD效应。这也表明，对该类被试而言，书写具身操作是一种有效的相关认知负荷。

（2）对于偏好UD的被试，书空具身既能消除低负荷下UD的转换成本，又能产生低负荷下DU的转换成本，从而产生了低负荷SSD负效应，书空具身是一种好坏参半的具身操作；而书写具身无效。这可能是因为该类被试偏好较易策略UD，UD策略本身的内在认知负荷较小，但被试固执地偏好该策略，在无具身条件下，这种偏好尚不足以抵消SSD效应；但是在书空具身条件下，通过对策略线索的空中划写，增加了策略线索的相关认知负荷，对策略线索加工更深，使得对UD策略更加偏好和认可（因其更简单），结果使得被试更固执于UD策略，更容易从DU转换到被试偏爱的UD，从而消除了UD的转换成本；而UD更难转换到DU，从而产生了DU的转换成本，出现了SSD负效应。这种SSD负效应已经不是策略本身难度差异所致，而是对UD策略的过度偏好所引起。那么为何书写具身没有出现SSD负效应呢？这可能是因为书写具身的强度更大，同时增大了对DU策略的相关认知负荷，从而使DU策略变得相对容易一些，抵消了对UD策略的偏好。这也表明，对该类被试而言，书写具身既产生了相关认知负荷，也可能增加了内在认知负荷——即对UD策略的偏好进一步增强。

（3）对于"最佳选择"的被试，书空具身能消除高负荷下UD的转换成本和高负荷下的SSD效应；书写具身既能产生低负荷下UD的转换成本，又能产生低负荷下DU的负转换成本，从而产生并加剧了低负荷下的SSD效应。书空具身是一种良好的具身操作，而书写具身则效果参半。这可能是因为"最佳选择"被试本身认知就更加灵活，体现在低负荷条件下无转换成本，高负荷条件下仅UD策略存在转换成本和SSD效应，那么增加书空具身这种较弱的相关认知负荷后，就足以消除高负荷下UD的转换成本和SSD效应。这种对SSD效应的消除与已有研究中RSI不大于600 ms时的消除机制类似，都是通过减少转换成本实现的。而增加了书写具身后，由于原本无具身条件下"最佳选择"被试的认知资源充足，认知灵活性足够，使得低负荷条件下不存在转换成本，无须具身操作的帮助。结果增加了书写具身这一强度较大的具身操作，反而造成了新的外在认知负荷，甚至引发情绪上的厌烦，使得DU策略由无具身时的"不难"变成书写具身时的"较难"，产生了本不存在的UD与DU的难度差异，出现了SSD效应，甚至导致从较易的UD转换到较难的DU，反而比从较难的DU重复到较难的DU更加容易。可见，该类被试对不必要的负荷非常敏感。这也表明，对"最佳选择"而言，书空具身增加了相关认知负荷，而书写具身则产生了新的外在认知负荷。

综合来看，针对每一种策略选择偏好类型的被试，具身操作都影响了其策略转换，且对低高负荷下转换的影响不同；而具身操作对三类被试的转换影响模式也各不相同。这表明，具身操作对高低负荷下策略转换的影响确实受到个体差异的广泛影响。已有研究表明，具身效应存在显著的个体差异，本研究在策略转换中首次发现了具身效应的显著个体差异，并进一步揭示了具身效应个体差异的机制和原因之一——策略选择偏好类型。此外，以上分析从相关认知负荷和外在认知负荷的角度分析具身操作的效应，从内在认知负荷的角度分析策略选择偏好，将这些因素统一纳入认知负荷框架之中，揭示了这些因素的负荷本质，阐明了这些因素通过改变负荷来影响策略转换的作用机制。

3.3 策略选择偏好被试具有稳定性

进一步考察三个具身操作组内部三类策略选择偏好被试在策略转换上的差异，发现：①无具身组时，在转换能力上，最佳选择被试>偏好UD的被试>偏好DU的被试。在难度敏感性上，最佳选择被试=偏好DU的被试<偏好UD的被试。②书空具身操作时，在转换能力上，仍然是最佳选择被试>偏好UD的被试>偏好DU的被试。而在难度敏感性上，最佳选择被试<偏好UD的被试<偏好DU的被试。③书写具身操作时，在转换能力上，最佳选择被试>偏好UD的被试=偏好DU的被试。而在难度敏感性上，偏好DU的被试<偏好UD的被试<最佳选择被试。可见，最佳选择被试在有无具身操作时，其转换能力始终最优，偏好较易策略UD的被试次之，偏好较难策略DU的被试最差。这可能是因为最佳选择被试认知灵活性最高，而偏好较易策略的被试遵从经济性原则，虽然较为省力，但牺牲了一定程度的认知灵活性，而偏好较难策略的被试则既不灵活又不经济，表现出较强的固执性。而在难度敏感性上，三类被试之间的排序则受具身操作影响较大，最佳选择被试在无具身和书空具身条件下对难度最不敏感，但在书写具身条件下可能因增加了不必要的外在认知负荷，使其对难度突然变得敏感起来。可见对这类被试而言，具身操作并非越强越好。

三个具身操作组内部，不同策略选择偏好类型的转换成本（即转换能力）和SSD效应（即难度敏感性）都存在普遍差异。而在宜人性得分上，偏好DU的被试显著高于偏好UD的被试，且与最佳选择被试没有差异，后两者之间也没有差异。这可能是因为DU策略比较困难，宜人性较高的被试更倾向于容忍并选择该策略。综合这三个结果可见，不同策略选择偏好类型的被试在策略转换、具身操作的效应以及人格特征方面均存在显著差异，表明该分类并非随机差异，而是一种相对稳定、普遍且有效的系统差异，该分类信效度良好。未来可采用完整版的大五人格量表进行进一步研究，考察五大维度中各子维度与策略选择偏好的关系。当然，该分类无法检测到策略执行方面的差异，这可能是因为策略执行比策略转换更为简单，出现了天花板效应。

3.4 人格分类检测到具身操作对高低负荷下策略转换的影响差异

高开放性的被试确实表现出较高的认知灵活性，能够同等接受两种策略，在无具身和书空具身条件下对DU和UD的难度差异不敏感。但是书写具身会产生在无具身和书空具身中本不存在的SSD效应。可能SSD效应的产生存在两个负荷临界点：在负荷极低时，较难和较简单的都容易完成，没有差异，出现天花板效应，SSD效应不存在；在中等负荷时，两者出现难度差异，出现SSD效应；在负荷极高时，两者都难以完成，差异消失，出现地板效应，SSD效应消失。而对于高开放性人格有三种可能：

（1）两个临界点都更高。在低高负荷情况下，对其他人来说是中等（出现SSD应效）和高等负荷（SSD效应消失），但由于高开放性的被试认知更灵活，对他们来说都是极低负荷，所以高低负荷时均未出现SSD效应。而书写具身增加了负荷，使低负荷变成了中等负荷（出现SSD效应），高负荷变成了高等负荷（SSD效应消失）。

（2）只有第一个临界点更高。对于高开放性的被试，低负荷相当于极低负荷（SSD效应消失），高负荷则为高等负荷（SSD效应消失）。而书写具身增加了负荷，使低负荷变为中等负荷（出现SSD效应），高负荷仍为高等负荷（SSD效应消失）。

（3）两个临界点更靠近于中间位置。对于高开放性的被试，低负荷相当于极低负荷（SSD效应消失），高负荷则为高等负荷（SSD效应消失）。而书写具身增加了负荷，使低负荷变为中等负荷（出现SSD效应），高负荷变为更高负荷（SSD效应消失）。

从常理来看，第（1）种可能性更大，但需要未来进一步研究以明确具体机制。

对于低神经质的被试，书写具身同样产生了无具身条件下不存在的SSD效应。低神经质个体对刺激的敏感性较低，这可能是由于书写具身增加了其对两种策略的感受程度，从而增大了低神经质被试对两者难度差异的体验，其作用机制与高开放性被试不同。

4 结论

综上所述，根据三类不同策略选择偏好分析三个具身操作组，发现具身操作的影响存在差异。

（1）在三类不同偏好被试群体的反应时指标、策略转换与否、策略转换成本以及SSD效应等方面都能检测到具身操作的不同影响，且其作用机制各不相同。

（2）偏好DU策略的被试，书写具身产生作用，相较于无具身操作，能够消除低负荷状态下UD策略的转换成本，并由此消除SSD效应。而书空具身则无效。

（3）偏好UD策略的被试，书空具身产生作用，相较于无具身操作，能够消除低负荷状态下UD策略的转换成本，但同时产生了低负荷状态下DU策略的转换成本，因此产生低负荷下的反向SSD效应。

（4）灵活选择最佳策略的被试，书空具身和书写具身都有影响。书空具身可消除高负荷UD策略的转换成本，消除SSD效应；书写具身则产生了低负荷DU策略的负转换成本，加剧了低负荷下的SSD效应。

五、研究三：认知负荷下策略运用及具身操作与人格的相关研究

严（Yan，2010）的研究表明，策略运用本身会受到个体特征的较大影响，因为策略选择属于信息加工范畴，认知风格可能对个体策略选择的适应性产生一定影响。同时有研究指出，场依存的被试容易受到感觉通道变化的影响，导致其在策略选择任务中的速度和准确性大幅下降。可见，这些内部因素与人格密切相关，但尚未有研究系统探讨人格与策略运用之间的关系。因此，本书研究的第三个主题是考察人格对外在认知负荷下策略运用的影响。人格是最典型且稳定的个体特征之一，研究三首次探索人格对认知负荷下策略运用的影响。一方面，可以考察认知负荷下策略运用的影响因素；另一方面，也可以在一定程度上验证认知负荷下的策略运用是否是一种稳定的个体能力。这为高等教育中加强人格训练、提升策略运用能力提供了理论依据和方向；同时，也可以扩展至中小学教育，考察人

格对策略运用能力发展的影响，进而开发人格培养方案。

通过研究一中的实验2发现，在被试群体中存在不同策略选择偏好的人群，这种偏好与宜人性有关。而通过研究二中的实验4发现，具身操作对不同策略选择偏好类型的被试的策略转换成本具有不同的影响，那么具身操作对不同人格类型的被试的策略转换成本的影响也可能不同。因此，研究三采用大五人格量表测量所有被试的人格，先探索人格与策略运用及具身操作效应之间的相关性；再根据人格特征将被试分为高低组，进一步探索具身操作对不同人格类型被试策略转换成本影响的差异。

子研究1：外在认知负荷下策略运用的大五人格特征分析

1 研究方法

1.1 研究对象

实验共招募263名大学本科生参与实验，其中男生78名，女生185名。所有被试均为右利手，视力或矫正视力正常，无色盲、色弱，身心健康，未服用精神类药物，且从未参加过任何与学习策略相关的实验。被试均自愿参加实验，完成实验后可获得40元报酬。删除29人无效数据后，有效被试共234人，其中男生72名，女生162名。

1.2 研究过程

以上所有被试在完成研究一和研究二的实验后，休息5分钟，在电脑上完成大五人格量表中国版简版测试。

研究采用大五人格量表对全体被试进行测试甄选，本量表采用王孟成、戴晓阳、姚树桥（2010a；2010b）修订的大五人格量表中国版简版，采用五点计分法。内部一致性 a 系数在0.83（宜人性）至0.91（尽责性）之间，平均为0.878。重测信度在0.78（外向性）至0.86（严谨性）之间，平均为0.759。神经质和外向性维度与艾森克人格问卷的神经质和内-外倾维度的相关系数分别为0.744（$p<0.01$）和0.816（$p<0.01$）。

数据采用SPSS 17.0进行统计分析，将前期研究一与研究二的数据与大五人格量表的测试结果进行比较分析。

2 研究结果与讨论

2.1 外在认知负荷下策略执行与人格的关系

将大五人格五大维度与实验1中策略执行的所有因变量指标进行皮尔逊相关分析。

结果发现：①宜人性与高负荷下对适合DU策略的题型采用DU策略的正确率显著负相关，$r=-0.13$，$p<0.05$；②外向性与低负荷下DU策略正确率上的题型-策略匹配性效应显著正相关，$r=0.15$，$p<0.0$。

2.2 外在认知负荷下策略选择偏好类型与人格的关系

根据实验2的分类情况与大五人格的相关分析，在宜人性得分上：①偏好DU的被试显著高于偏好UD的被试；②偏好DU与最佳选择的被试之间无显著差异；③偏好UD与最佳选择的被试之间也无显著差异。

2.3 外在认知负荷下策略转换成本与人格的关系

实验3（即实验4的无具身组）中，神经质与低负荷下的DU反应时转换成本显著负相关，$r=-0.29$，$p<0.05$。

2.4 讨论：策略运用的复杂性与人格特质的多样性

从研究结果来看，可以发现在策略运用的执行、选择、转换阶段均存在不同的人格特质与之呈现正相关或者负相关关系，无法找出一种固定的人格特质与整个策略运用的三个阶段均相关。这也从一个侧面说明，策略运用是一个复杂的认知加工过程，需要个体多种具体认知加工能力的综合协调。因此，策略运用呈现出复杂性，并与人格特质的多样性相关。

在策略执行阶段，宜人性与高负荷下对适合DU策略的题型采用DU策略的正确率显著负相关，这可能是因为高宜人性的被试更容易受到环境和他人影响，更倾向于根据题型选择适合的策略；外向性与低负荷下DU策略正确率上的题型-策略匹配性效应显著正相关，这可能是因为高外向性的被试更倾向于感受外部环境，能够感觉到外部环境的细微变化，因此对匹配—不匹配的差异更加敏感。

在策略选择阶段，宜人性得分方面，偏好DU的被试显著高于偏好UD的被试，而偏好DU与最佳选择的被试之间无显著差异，偏好UD与最佳选择的被试之间也无显著差异。这可能是因为DU策略较为困难，宜人性较高的被试更能够容忍并选择DU策略。未来可采用完整版的大五人格量表进一步研究，考察五大维度中各子维度与策略选择偏好的关系。

在策略转换阶段，神经质与低负荷下DU反应时转换成本显著负相关。一般认为，高神经质个体倾向于具有心理压力、冲动情绪，更容易体验到诸如愤怒、焦虑、抑郁等负性情绪，对外界刺激的反应更为强烈，对情绪的调节、应对能力比较差，因此在思维、决策以及有效应对外部压力方面比较差。但是从策略转换阶段的情况来看，神经质越高的个体，其在低负荷状态下DU反应时的转换成本越低，这说明对于估算任务这种简单快速的任务而言，可能更接近于刺激—反应过程，其中较少涉及思维决策成分，因此反应时的策略转换成本较低。但随着外在认知负荷的加载，对认知资源的占用增强，情况则发生了变化。

3 结论

整体而言，相较于其他人格特质，宜人性与策略执行和选择存在一定的关联。虽然宜人性高的个体能够接受较难的DU策略，但其正确率仍偏低。这说明较难策略的运用，需要个体具备较强的环境适应性和对他人的接纳性，但这种接纳性有可能是以牺牲认知资源为代价的，从而造成其正确率下降。

从神经质与低负荷下DU反应时转换成本显著负相关这一结果，结合研究一实验2的讨论部分分析——DU策略符合人们传统的"四舍五入"的思维习惯，说明低负荷下的估算任务属于刺激—反应过程的简单快速任务。这在一定程度上进一步验证了研究一实验1讨论部分的观点——外在认知负荷的加载干扰策略的执行，而非影响计算任务。

子研究2：具身操作对外在认知负荷下策略转换的影响与大五人格特征的分析

研究的总体目标是关注具身操作对策略运用的影响，但已有研究表明，具身操作存在较为明显的个体差异，尤其与个体的人格存在一定的关联。例如，不同个体之间人格的相似性会影响具身模拟的强度（陈咏媛 等，2012）。因此，为了更好地解释具身操作对策略转换调节作用的基本机制，本研究对被试的大五人格特征与具身调节作用进行了分析。

1 研究方法

1.1 研究对象

同子研究1。

1.2 研究过程

采用子研究1的数据使用SPSS 17.0进行统计分析，将研究二的数据与大五人格量表的测试结果进行比较分析。

2 研究结果与讨论

2.1 结果

三个具身操作组大五人格分析结果如表8.28所示。

表8.28 三个具身操作组大五人格分析（$M\pm SD$）

	神经质N	严谨性C	宜人性A	开放性O	外向性E
无具身	2.72±0.58	3.62±0.52	3.6±0.59	3.69±0.67	3.17±0.67
书空具身	2.71±0.7	3.61±0.61	3.86±0.48	3.67±0.68	3.22±0.67
书写具身	2.78±0.61	3.52±0.55	3.86±0.57	3.87±0.63	3.26±0.76
总和	2.74±0.64	3.6±0.58	3.79±0.56	3.74±0.67	3.21±0.69

根据实验4的数据分析：

（1）无具身组中，神经质与低负荷下DU反应时策略转换成本显著负相关，$r=-0.29$，$p<0.05$。

（2）书空具身组中，严谨性与高负荷下DU正确率转换成本显著正相关，$r=0.28$，$p<0.05$。

（3）书写具身组中：

①严谨性和开放性与低负荷下DU正确率的转换成本显著正相关，$r=0.25$和0.23，$p<0.05$；

②外向性与低/高负荷下DU反应时的转换成本显著负相关，$r=-0.24$和-0.35，$p<0.05$；

③严谨性与高负荷下UD反应时的转换成本显著负相关，$r=-0.30$，$p<0.05$；

④严谨性与DU转换成本的负荷效应显著负相关，$r=-0.28$，$p<0.05$；

⑤严谨性与正确率的低负荷SSD效应显著负相关，$r=-0.26$，$p<0.05$；

⑥开放性与反应时的低负荷SSD效应显著正相关，$r=0.26$，$p<0.05$；

⑦宜人性与反应时的低/高负荷SSD效应显著正相关，$rs=0.23$和0.25，$ps<0.05$。

2.2 讨论

2.2.1 人格通过内在认知负荷影响具身操作对策略转换的效应

无具身组中只有神经质与低负荷下DU反应时转换成本显著负相关，具体分析见子研究1。书空具身组中只有严谨性与高负荷下DU正确率转换成本显著正相关，这可能是因为严谨性使得个体对每种策略都投入较多精力，从而降低了策略转换时的灵活性。在书写具身组中，人格特征普遍影响转换成本和SSD效应：严谨性和开放性增加了某些正确率的转换成本，但严谨性又减少了某些反应时的转换成本，减少了转换成本的负荷效应；开放性减少了某些反应时的转换成本的SSD效应，这可能是因为高开放性个体具有更高的认知灵活性，从而减少了两类策略之间的难度差异。外向性减少了某些反应时的转换成本，这可能是因为高外向性个体更活跃，认知灵活性更高。宜人性增加了某些反应时的SSD效应，这可能是因为高宜人性个体更容易受到题型和策略的影响，从而增大了策略之间的难度差异。

综上可见，人格普遍影响高低负荷下的策略转换成本和SSD效应，并且对高低负荷下的影响不同。人格对无具身组和书空具身组的影响很少，但对书写具身组的影响很普遍，这说明人格主要通过影响具身操作的效应来影响策略转换。人格主要通过改变内在认知负荷，如影响策略的接受程度、认知灵活性、难度差异的感受性以及认知资源等，进而影响策略转换的成本和SSD效应。

2.2.2 人格与转换的相关模式检测到具身操作的效应

三个具身操作组中，人格与转换成本和SSD效应的相关普遍性和模式存在显著差异，这从人格角度体现了具身操作对策略转换调节作用的异质性。

在实验过程中，为考察不同具身操作方式以及有无具身操作对策略转换的影响，将被试随机分为三组：第一组为无具身操作组，第二组为书空具身操作组，第三组为书写具身操作组。研究二的实验4分别考察了具身操作对策略转换的影响，发现书空具身和书写具身的操作效果各不相同，但具身操作的作用需要结合具体的被试策略选择偏好才能体现。研究三的子研究2则分别对这三组被试的人格特征与具身操作下的策略转换成本进行了相关分析。三组被试在不同的具身操作条件下显现出人格特质的不同关联性。无具身操作的被试中，神经质与低负荷下DU反应时策略转换成本显著负相关；但是书空具身和书写具身两组被试的人格特质则在策略转换成本上展示出不同的表现：一部分人格特质与策略转换成本的增加有关，另一部分人格特质则与策略转换成本的减少有关。例如，严谨性在某些特定条件下与成本减少有关，在另一些条件下又与成本增加有关。

令人疑惑的是：人格作为一个相对稳定的个体心理特征，难道会因为具身操作而发生改变？综述部分曾提及具身操作的价值，其本质在于调整认知资源的分配。但从目前的研究结果来看，似乎具身认知的操作不仅仅是对认知资源的调节，而且还影响到了人格特质。但具身操作对于人格特质的影响从理论上来说无法得到支持，某种稳定的个体心理特征不太可能因为短短几十分钟的实验过程而发生改变。那么出现这种情况的原因是什么？研究者认为：并非所有的被试都适合具身操作，具身操作能够发挥作用，在一定程度上依赖于被试个体自身的一些特性。所以，只有特定的群体在执行具身操作时会影响策略转换的成本，或增加或减少。即被试借助具身操作这种方式，以策略转换成本为指标，显现出自身的某种特质。由此可见，具身操作突显了人格特质。

3 结论

具身操作的相关认知负荷对于认知任务及策略运用的调节作用受制于人格特质及策略偏好模式，存在较大的个体差异性。

第九章　研究结果与反思

一、研究意图与现实结果

（一）反应时指标灵敏地反映出外在认知负荷对于策略运用的影响

在问题解决过程中策略的使用，从认知负荷理论来看就是通过使用不同的策略来调节认知负荷的强度，以提高任务解决的速度和效果。但是当某些特定的认知负荷已经存在且无法改变时，选择何种策略，如何选择策略以及如何使用策略等一系列问题是否会受到已存在的认知负荷的影响？即认知负荷是否会对策略的使用产生作用，这是本书研究最初的意图。为了便于实验控制，研究采用了外在认知负荷的方式进行验证，通过一系列实验，基本证实了外在认知负荷确实能够对策略的使用、选择和转换产生作用。但是这种作用在反应时和正确率这两个行为指标上仍存在较大差异。那么，正确率和反应时哪一个更为准确呢？通过对系列实验结果的梳理发现：行为指标上的正确率基本上能够反映出外在认知负荷在策略执行和策略选择上所产生的作用，同时能够反映出DU策略和UD策略在策略执行、选择、转换三个阶段都存在难度差异，其中DU策略难于UD策略。而行为指标上的反应时则能够反映出外在认知负荷和不同策略在策略执行、策略转换以及具身操作上的差异性，从而证实其价值。

从研究的意图和实际的研究结果来看，正确率和反应时对外在认知负荷影响策略执行、选择、转换过程的反映各有侧重。正确率反映出了外在认知负荷在策略执行和选择上的影响；而反应时则反映出了外在认知负荷在策略执行和转换上以及对具身操作的影响。从反映指标上来看，两者之间并无本质差异，各具优势。但从一些研究的二三级指标及分类指标来看，反应时更为灵敏，反馈的指标更多。因此，从精细化研究的目的出发，反应时是一个考察策略运用更为有效的指标。

（二）较高的外在认知负荷阻碍策略的运用

策略运用的实质就是对认知资源的有效调节与充分利用，其价值体现在三个方面：降低外在认知负荷及内在认知负荷，提升相关认知负荷，由此提高任务解决的效率和正确率，即策略的运用影响认知负荷。而本研究的目的之一则是考察已存在的认知负荷状态不仅仅是对任务本身产生影响，还是否会对策略运用产生影响。研究选取外在认知负荷为考察角度，分别以策略执行、策略选择与策略转换为考察对象。从系列实验的结果来看，基本证实了高低不同的外在认知负荷条件对于策略运用本身产生了较为明显的影响。

策略执行阶段，策略执行的正确率和反应时都受外在认知负荷的影响。总体而言，都是较高的外在认知负荷阻碍了策略执行的效果，表现为反应时增加、正确率下降。这说明较高的外在认知负荷对策略的执行有一定的阻碍作用。策略选择阶段，高外在认知负荷同样影响了主体对策略的运用，尤其是在某些特定题型与策略的匹配方面，同样说明较高的外在认知负荷对策略的选择也存在影响。策略转换阶段，外在认知负荷仍然对策略运用产生影响，一般而言，高外在认知负荷会提升策略的难度，增加策略转换的成本。

第九章　研究结果与反思

因此，研究假设得到了验证。并且这种影响对于策略运用而言是负面的，阻碍了策略执行、选择与转换的正确率和反应时。所以对于学习者而言，不仅在完成学习任务时需要有意识地降低外在认知负荷，即便是在运用学习策略时，也应有意识地降低外在认知负荷，从而保证学习策略的有效性。否则，再有效的策略也无法发挥其真正的价值，甚至策略本身可能成为外在或内在认知负荷的来源，加重学习者的认知负担，导致认知资源的不足。

（三）具身操作的相关认知负荷对于策略运用存在一定影响

当外在认知负荷干扰了学习策略的有效使用时，运用什么方法能够弥补这一不足？研究试图从策略线索的具身化入手，通过具身操作来消除外在认知负荷的消极作用，同时借助具身的调节作用来提高相关认知负荷。前期研究表明：策略转换相较于策略重复而言，其反应时存在差异并且达到显著性水平，这个差异值即为策略转换的成本。并且在高外在认知负荷下，这个差异值更为显著。研究采用了不同强度的具身操作，并与无具身操作的被试进行组间比较，经过比较发现，具身操作是一种个体化差别非常大的认知加工过程：（1）对于偏好DU策略的被试，书写具身能够消除低负荷下UD策略的转换成本和低负荷下的SSD效应，是一种良好的具身操作；而书空具身则无效。因此，书写具身是一种有效的相关认知负荷。（2）对于偏好UD策略的被试，书空具身既能消除低负荷下UD策略的转换成本，又能产生低负荷下DU策略的转换成本，产生了低负荷下的SSD负效应，是一种效果参半的具身操作；而书写具身无效。因此，书空具身既产生了相关认知负荷，也可能增加了内在认知负荷——对UD策略更加偏好。（3）对于最佳选择策略的被试，书空具身能够消除高负荷下UD策略的转换成本和高负荷下的SSD效应；书写具身既能产生低负荷下UD策略的转换成本，又能产生低负荷下DU策略的负转换成本，进而产生并加剧了低负荷下的SSD效应。书空具身是一种良好的具身操作，而书写具身效果参半。

书空具身增加了相关认知负荷；书写具身则产生了新的外在认知负荷。

可见，书空具身和书写具身分别对特定类型的被试能够发挥相关认知负荷的作用，从而减少外在认知负荷对转换成本的影响。因此，在高等教育中，一方面可以针对特定类型的学生，分别开发有效的具身操作，以减少策略转换中的外在认知负荷，促进策略的灵活转换；另一方面，应对特定类型的学生要注意避免使用无效甚至有害的具身操作。

那么首要任务是区分出不同类型的学生，可以采用以下两种方式：①采用本书研究的外在认知负荷下的策略选择偏好，将学生划分为不同偏好类型；②本书研究发现不同策略选择偏好与人格特质中的宜人性相关，因此也可通过宜人性指标来划分不同宜人性程度的学生。

二、人格和策略偏好与策略运用和具身操作的相关性

一般而言，学习策略被视为学习过程中指导学习者进行高效学习的各种方法、技巧以及相关的学习规则或学习程序，或者是调节学习者具体学习过程的一种手段。这些方法、技巧或手段等，一般而言是外显的操作程序或步骤，但也可以是内隐的系列规则（刘电芝，2000）。在学习过程中，正确使用策略是提高学习效率、增强学习效果的一条捷径。但是通过研究发现，情况并非如人们想象的那么简单，实际情况要复杂得多。

（一）适合的人（大五人格）匹配适合的策略

在策略执行、选择与转换过程中发现：宜人性与高负荷下对适合DU策略的题型采用UD策略的正确率呈显著负相关，这可能是因为高宜人性的被试更容易受到环境和他人影响，更倾向于根据题型选择适合的策略；外向性与低负荷下DU策略正确率上的题型-策略匹配性效应呈显著正相关，这可能是因为高外向性的被试对匹配—不匹配的差异更加敏感。在具身操作过程中，人格普遍影响高低负荷下的策略转换成本和SSD效应，并且其

影响在高低负荷条件下存在差异。人格对无具身组和书空具身组的影响较小，但对书写具身组的影响很普遍，这说明人格主要通过影响具身操作的效应来影响策略转换。人格可能主要通过影响与之相关的内在认知负荷，如影响策略的接受程度、认知灵活性、难度差异的感受性、认知资源等内在认知负荷来影响策略转换。未来可采用完整版的大五人格量表进一步研究，考察五大维度中各子维度与策略选择偏好的关系。按照个体具身操作发挥作用的相关认知负荷角度出发，并结合其人格特质分析发现：由于不同个体对陌生情境的容忍度和探索意愿存在较大差异，例如，高宜人性等部分个体能够在其认知加工过程中充分利用环境线索，于是将主体的一部分记忆"卸载"于环境之中，根据某些线索随时存取。这样，个体在解决任务的过程中，一方面通过减少工作记忆的承载而降低了内在认知负荷；另一方面保持与环境的充分互动，从而增加了认知资源的总量。在这种双重作用下，保证了此类群体在策略运用和具身操作方面的效果。所以必须是适合的人配备适合的策略与具身操作，而不是所有的人群都可以通过这种方式提高策略执行的效率。

这一点与国内学者刘电芝（2013）在对小学生英语学习策略运用现状以及初中物理策略掌握现状与特征分析中所提出的观点一致：对于优等生而言，策略学习效果明显，掌握速度快，能够积极主动地利用策略进行高效学习，因此对于此类学习者而言，学习过程中必须要以策略教学为主，使其充分掌握问题解决的方法；对于中等生而言，策略教学的效果有限，并非所有情况下策略都能充分发挥其价值，因此对于此类学生，在学习过程中应强调策略与知识教学并重；对于学困生而言，策略运用不仅不能减轻其学习负担，反而会在其有限的认知资源基础上增加额外的操作任务，占用其认知资源，导致任务完成的效果非常不理想，因此在学习过程中，此类学生应以知识教学为主。

由此可见，只有合适的人，才能配备适合的策略与具身操作，从而发挥其应有的作用。综合来看，宜人性和外向性有利于外在认知负荷下的策略执行、选择和转换。本书的研究是在大学生被试中得出的这一结果，因此一方面可以在高等教育中加强人格宜人性和外向性的训练，从而提升大学生在外在认知负荷情境下有效运用策略的能力；另一方面，该研究结果对中小学教育也具有借鉴意义，可以在中小学阶段加强人格宜人性和外向性的培养，促进相关能力的发展。未来有必要进一步考察中小学学生人格特质对外在认知负荷下策略运用的影响，探索在中小学年龄阶段，起作用的人格因素是否与大学生存在差异，以及人格的影响是否存在关键的发展阶段。

（二）适合的人（策略选择偏好）匹配适合的相关认知负荷（具身操作）

从被试人群总体来看，具身操作并未表现出明显的作用，未能有效消除策略转换成本。但是根据实验2中对不同被试进行策略选择偏好分类后的结果发现：对于偏好DU策略的被试，书写具身能够消除低负荷下UD策略的转换成本和低负荷下的SSD效应，书写具身是一种良好的具身操作；而书空具身则无效。对于偏好UD策略的被试，书空具身既能够消除低负荷下UD策略的转换成本，又能产生低负荷下DU策略的转换成本，产生了低负荷下的SSD负效应，书空具身是一种效果参半的具身操作；而书写具身则无效。对于最佳选择策略的被试，书空具身能够消除高负荷下UD策略的转换成本和高负荷下的SSD效应；书写具身既能产生低负荷下UD策略的转换成本，又能产生低负荷下DU策略的负转换成本，产生并加剧了低负荷下的SSD效应。书空具身是一种良好的具身操作，而书写具身效果参半。由此可以看出，具身操作能否发挥作用，首先取决于被试群体的类型。

从另一方面来看，即便是偏好DU策略或偏好UD策略的被试，整组被试在策略转换与具身操作之间的交互作用也并不显著，即具身操作无法抵消策略转换的成本，也即无法消除策略转换与策略重复之间的差值。但如果进一步结合具体条件来看，就会发现情况并非如整组被试一样，组内也存在巨大的差异。由于实验4是将被试随机分为三组（无具身组、书空具身组、书写具身组），并结合被试群体中本身存在的三种策略偏好，因此每类策略偏好群体中也必然存在无具身、书空具身和书写具身三种情况。例如，偏好UD策略的被试在无具身操作、低外在认知负荷条件下由UD策略转向DU策略时，在这种条件下本身就不存在策略转换成本，但如果换成书空操作，则反而会出现策略转换成本。在这种情况下，具身操作已不再是促进认知加工的调节手段，而是成为一种额外的认知负荷，从而阻碍了认知加工过程。但如果继续换一种条件，如书空具身操作在低负荷下由DU策略转向UD策略，则能够有效消除无具身条件下的策略转换成本。

因此，适合的人应配备适合的策略与适合的具身操作，同时还必须与相应的外部条件相匹配，否则不仅可能无法发挥其原本的价值，甚至可能成为干扰策略运用与具身操作调节的障碍。

三、研究的不足与展望

（一）研究的不足

1. 研究结论的普适性还有待进一步验证

本书的研究以估算策略为切入点，系统分析了外在认知负荷及相关认知负荷对估算策略执行、选择和转换的影响。由于估算策略本身具有较强的应用价值，在日常学习、工作及生活中经常涉及，所以研究选择的这一考察对象具备实用性。但是估算策略也有其本身区别于其他策略的特点，如估算策略相对应的估算任务较为简单，难度较低，尤其是面对大学生被试群体时更为明显。这一点从策略执行与转换的正确率上可以看出。此外，估算策略强调任务的时间性，所以在策略运用过程中，被试可能更关注策略运用的速度。这两个特点使得该策略与其他学习策略存在一定差异。因此，目前的研究结论如果要推广成为普适性原则，可能还需要选取一些其他有代表性的策略进行进一步验证，尤其是那些在策略性质上与本书研究策略有较大差异或完全不同的情形，以此来证明相关结论具备完全的普适性。但限于笔者时间、精力以及能力，加之章节篇幅的限制，未能开展此类相关研究，因此存在一定的局限性，后续研究可以此为方向继续扩展和深入。

2. 研究被试群体相对较为单一

由于本书的研究主要是以高等教育为研究目标展开，所以选取了大学生群体作为研究对象。但从策略本身应用的价值来看，义务教育阶段的中小学生或相对学习能力薄弱的学生可能更需要策略的指导与应用。而大学生群体的价值观和能力相对较为固化，同时这些学生经过了高考的筛选，其能力水平在某种意义上来说，已经得到了检验。因此，从这一角度而言，本书研究采用比较单一的大学生被试群体，在一定程度上削弱了研究的实际应用性和应用范围，这也是本书研究的一个不足之处。如果后续研究能够选取小学生、中学生作为被试，则可形成一个系列性的研究，从而提升其应用价值。

但由于本书研究的主要目的是从理论上考察认知负荷对策略运用的影响，采用大学生作为被试更为合适，这是因为大学生个体差异相对稳定，能够获得比较纯粹和稳定的研究结果。而中小学生的能力尚未成熟，同一年龄段的不同学生个体差异更大，同一个学生不同时间段的能力波动也更大，所以得到的结果可能不够稳定和纯粹。此外，还有一个更为现实的限制因素，使得目前的研究只能选取大学生作为研究对象——系统考察策略运用的整个实验过程较长。从目前实验的现状来看，最快的被试使用了2.5个小时才完成，最慢的被试用了3.5个小时才完成。如果采用中小学生作为研究被试，由于其情绪的稳定性、意志力、自控力等都不成熟、不完善，实验对象很有可能因为漫长的实验过程而失去耐心，使得采集到的实验数据失真，无法真实反映中小学生的真实情况，最终造成实验失败。

因此，作为一项开创性的基础理论探索，有必要首先考察相对稳定的大学生群体形成一个初步的结论，然后再逐步扩展至中小学生，探讨其发展情况。并且以大学生作为研究对象也符合终身教育的目标，有助于在高等教育阶段探索认知负荷对策略运用的有效调控方式。

（二）研究展望

1. 采用ERP技术或磁共振成像技术对脑机制进行深入探讨

本书的研究在具体实验过程中发现了一些从行为指标上无法解释的问题，例如在具身操作中，神经质是一个比较特殊的人格特质，在书空具身操作下，神经质有利于减少策略转换成本；而在书写具身操作下，神经质则明显增加了策略转换成本，这个问题还有待于进一步解释。目前采用行为指标的方式无法深入诠释问题的根源，因此后续的研究希望能够借助ERP技术或磁共振成像技术，对相关问题进行深入分析，从而从神经机制上分析问题的实质。

2. 对于人群中的策略偏好与人格特质进行子维度分析

当前研究仅限于对策略偏好与基本的大五人格特征进行相关分析，因此有许多问题值得进一步探讨。例如，神经质在不同具身操作条件下表现出两种截然不同的效果，究竟是什么原因使然？对于此问题的探讨，需要深入大五人格的子维度进行更为详细的分析，才能解释问题的实质。因此，后续的研究可以首先通过大五人格量表进行测试与筛选，从而进行更细化的研究。

3. 将现有研究对象延伸至中小学生形成系列研究

由于本书研究方向的限定及具体实验设计本身的限制，目前的研究主要集中于高等教育对象——大学生。后期如果要进一步强化策略运用的实际效果，并引入具身操作等相关认知负荷的调节作用，需要在对现有实验设计修改的基础上，适当缩短实验时间，同时结合脑电技术，并在大五人格子维度的基础上,将实验对象延伸至高中、初中、小学等阶段,由此形成完一个系统性的、完整的研究。这样不仅能够大大提升本书研究在整个教育体系中的实际应用价值,也有助于构建更加完整的理论框架与实践路径。

四、对大学生高等教育的启示和建议

(一)坚持对于大学生群体的差异化教学

由于义务教育阶段的学生按照学区入学,学生未经过相应的筛选,在同一个学校中学生个体之间的差异相对较大,尤其是在智力水平方面,某些学生发展较快,而另一些学生则发展相对滞后,其接受能力存在明显差异。因此,针对义务教育阶段的学生应坚持因材施教,强调差异化教学,根据学生的接受能力采取不同的教学内容和教学方法。在策略教学方面亦是如此,并非所有学生都能够接受策略并保证策略的有效运用。但是,在高等教育阶段,各高校不同专业之间已进行了较为详细的区分,并经过了高考的筛选,因此存在一个预先的假设:即默认学生群体的同质性非常强。在这样的条件下,许多高校教师在教学过程中往往采用一套教案、一种教学方法、一本讲义应对全体学生。

但是从当前的研究发现来看,大学生群体内部也存在多样化的选择。类似策略选择偏好这一特征,个体与个体之间也存在不同的取向,并且实验验证这种取向确实影响到了个体的认知加工过程及其加工结果。因此,作为高校教师在面对大学生群体时,也应坚持差异化教学,以此来保证教学效果。

(二)高等教育的专业化与个体发展的多样化并重

研究发现,对于策略的运用而言,在人格特征中并不存在一种或几种主导性的优势人格能够特别有效地促进策略的运用。策略的运用与多种人格特质存在一定的相关性。因此，研究认为，相较于具体内容的学习，策略的运用是一种更高层次的认知活动，必须由多种人格特质的共同参与，才能共同发挥作用，保证策略运用的效果。

与义务教育阶段的知识传授不同，大学阶段更侧重于对专业教育背景下的基本素质与基本能力的培养。随着时代的迅速发展，各种职业的内涵和具体的工作内容也在不断变化之中，但高校相关专业的设置及教学内容往往滞后于时代的发展。因此，几乎没有一名普通高校的毕业生能够找到完全专业对口的工作，学生在工作岗位上需要根据自己的基本素质与能力去不断探索、磨合与实践。这个过程相对于策略运用而言，是一种更高层次的认知加工活动，更需要多种人格特质的参与和支持。因此，研究主张在大学生培养的过程中，一方面应注重专业化的教育教学，另一方面也应充分尊重学生的个性，不应以专业刻板的要求来评判学生个性特征的优劣。结合本书研究的结果来看，任何一种个性特征在不同情境和不同阶段的认知加工过程中都能发挥一定的作用。相较于义务教育阶段，各高校教师在教育教学过程中拥有更高的自主权，包括教授内容与教授方法，甚至是教授对象。因此，为帮助学生走出校门、踏上工作岗位后更好地发展，高等教育的每一位工作者必须在坚持专业化教学的同时，充分发挥其自主性的特点，尊重学生的个性，鼓励个体多样化发展。具体而言，可以结合其专业需求鼓励学生参与多样化的社会实践活动，并提供校内跨学科、跨专业的课程或专题学习，以塑造个体的多样化，适应未来高层次认知活动的需求。

（三）探索多样化的教学措施，促进高等教育的教学效果

研究发现，较高的外在认知负荷会影响策略的运用，同时作为相关认知负荷调整手段的具身操作也能够在一定条件下影响策略的运用。通过该研究发现并提供了一条促进高等教育教学效果的探索新思路：除了外在认知负荷的调整，还可以根据学生的不同特质以及现实情境特征，采取调整

相应的认知负荷的方法，以提高学生的学习效率与学习效果。上文所述，由于高校教师拥有更多的教学自主权，因此在具体教学过程中应充分发挥这种特性，不拘泥于某种特定的教学手段。以本书研究的结论为依据，首先应判断教学材料、教学内容的复杂性程度，结合学生的特点，充分利用降低外在认知负荷的教学手段，或直接指导大学生采取相应学习策略，以降低材料和教学内容的复杂性。例如，可以充分利用多媒体手段展示教学内容，采用视频教学、网络教学、户外演练、现场模拟等多种形式，帮助学生更好地组织与理解教学内容和材料。

此外，在课堂教学过程中，还应注意改变大学生普遍存在的惰性强、主动意识与参与意识薄弱的现象，采取相应的多样化教学手段充分调动学生的主动性，提高相关认知负荷。在这一点上大学生不同于义务教育阶段的学生，随着年龄的增长，其对于教学过程的主动参与性越来越低，不愿意与教师互动，不愿意参加课堂活动，课上玩手机的学生比例较高。因此，可通过调整相关认知负荷的手段，如鼓励学生形成学习小组，展开课堂讨论进行专题研究等方式，一方面可以提高学生的参与度，增强其相关认知负荷，另一方面也有助于改善课堂教学沉闷的现状，转变学生"旁观者"的心态，从而提升整体教学效果和学生的学习效率。

五、研究的主要结论

（1）外在认知负荷会对策略运用（包括执行、选择、转换）产生影响，较高的外在认知负荷对策略运用存在阻碍作用。

（2）具身操作的相关认知负荷调节只有在特定的策略偏好群体以及相适应的外在认知负荷状态下发挥作用。

（3）策略偏好同人格特质一样，在策略运用以及具身操作对策略转换的影响上存在一定相关性。

参考文献

[1] ABDUL-RAHMAN S S, BOULAY B D. Learning programming via worked-examples: Relation of learning styles to cognitive load [J]. Computers in Human Behavior, 2014, 30 (1): 286-298.

[2] ALAJMI A H. Addressing computational estimation in the Kuwaiti curriculum: Teachers' views [J]. Journal of Mathematics Teacher Education, 2009, 12 (4): 263-283.

[3] ALEXANDER S Y. Cognitive load and learner expertise: Split-attention and redundancy effects in reading comprehension tasks with vocabulary definitions [J]. Journal of Experimental Education, 1999, 67 (3): 197-217.

[4] ALTER A L, OPPENHEIMER D M. Effects of fluency on psychological distance and mental construal [J]. Psychological Science, 2008, 19 (2): 161-167.

[5] ÀNGEL ALSINA, SÁIZ D. The role of working memory in mental arithmetic: A quarter of a century after Hitch [J]. Infancia y Aprendizaje, 2004, 27 (1): 15-25.

[6] ARDIALE E, LEMAIRE P. Within-item strategy switching: An age

comparative study in adults [J]. Psychology and Aging, 2012, 27 (4): 1138-1151.

[7] ARDIALE E, LEMAIRE P. Within-item strategy switching: An age comparative study in adults [J]. Psychology and Aging, 2012, 27 (4): 1138-1151.

[8] ARDIALE E, LEMAIRE P. Effects of execution duration on within-item strategy switching in young and older adults [J]. Journal of Cognitive Psychology, 2013, 25 (4): 464-472.

[9] AYRES P. Impact of reducing intrinsic cognitive load on learning in a mathematical domain [J]. Applied Cognitive Psychology, 2006, 20 (3): 287-298.

[10] BÄCKMAN L, NILSSON L G. Aging effects in free recall: An exception to the rule [J]. Human Learning, 1984, 3 (1): 53-69.

[11] BÄCKMAN L, NILSSON L G, CHALOM D. New evidence on the nature of the encoding of action events [J]. Memory and Cognition, 1986, 14 (4): 339-346.

[12] BADDELEY A D. Human memory: Theory and practice [M]. London: Psychology Press, 1990: 453-497.

[13] BAR-ANAN Y, LIBERMAN N, TROPE Y. The association between psychological distance and construal level: Evidence from an implicit association test [J]. Journal of Experimental Psychology: General, 2006, 135 (4): 609-622.

[14] BARROUILLET P, BERNARDIN S, PORTRAT S, et al. Time and cognitive load in working memory [J]. Journal of Experimental Psychology: Learning, Memory, and Cognition, 2007, 33 (3): 570-585.

[15] BARSALOU L W. Perceptions of perceptual symbols [J]. Behavioral and Brain Sciences, 1999, 22 (4): 637-660.

[16] BARSALOU L W. Grounded cognition [J]. Annual Review of Psychology, 2008, 59 (1): 617-645.

[17] BARSALOU L W. Grounded cognition: Past, present, and future [J]. Topics in Cognitive Science, 2010, 2 (4): 716-724.

[18] BECHARA A. The role of emotion in decision-making: Evidence from neurological patients with orbitofrontal damage [J]. Brain and Cognition, 2004, 55 (1): 30-40.

[19] BECKMANN J F. Taming a beast of burden-On some issues with the conceptualisation and operationalisation of cognitive load [J]. Learning and Instruction, 2010, 20 (3): 250-264.

[20] BENDER A, BELLER S. Nature and culture of finger counting: Diversity and representational effects of an embodied cognitive tool [J]. Cognition, 2012, 124 (2): 156-182.

[21] BING H N, PHAN H P. Comparing balance and inverse methods on learning conceptual and procedural knowledge in equation solving: A cognitive load perspective [J]. Pedagogies: An International Journal, 2016, 11 (1): 63-83.

[22] BJORKLUND D F, COYLE T R, GAULTNEY J F. Developmental differences in the acquisition and maintenance of an organizational strategy: Evidence for the utilization deficiency hypothesis [J]. Journal of Experimental Child Psychology, 1992, 54 (3): 434-448.

[23] BONYADI A, NIKOU F R, SHAHBAZ S. The relationship between EFL learners' self-efficacy beliefs and their language learning strategy use [J]. English Language Teaching, 2012, 5 (8): 113-121.

[24] BORGHI A M, FLUMINI A, CIMATTI F, et al. Manipulating objects and telling words: A study on concrete and abstract words acquisition [J]. Frontiers in Psychology, 2011, 2: 6.

[25] BORGHI A M, SCOROLLI C, CALIGIORE D, et al. The embodied mind extended: Using words as social tools [J]. Frontiers in Psychology, 2013, 4: 12.

[26] BOUFOY-BASTICK B. Embodied cognitive experiential learning in a multicultural foreign language classroom [J]. Humanising Language Teaching, 2007 (5): 1-10.

[27] BRADE G A. The effect of a computer activity on young children's development of numerosity estimation skill [D]. Buffalo: University of New York, 2003.

[28] BROOKS R A. Intelligence without representation [J]. Artificial Intelligence, 1991, 47 (1-3): 139-159.

[29] BROWN M W, AGGLETON J P. Recognition memory: What are the roles of the perirhinal cortex and hippocampus? [J]. Nature Reviews Neuroscience, 2001, 2 (1): 51-61.

[30] BRUNER J S, GOODNOW J J, AUSTIN G A. A study of thinking [J]. Philosophy and Phenomenological Research, 1956, 17 (2): 215-221.

[31] BRUNER J S, GOODNOW J J, AUSTIN G A. A study of thinking [M]. New York: Wiley, 1956.

[32] BUI D C, MADDOX G B, BALOTA D A. The roles of working memory and intervening task difficulty in determining the benefits of repetition [J]. Psychonomic Bulletin and Review, 2013, 20 (2): 341-347.

[33] CALLENDER A A, MCDANIEL M A. The limited benefits of rereading educational texts [J]. Contemporary Educational Psychology, 2009, 34 (1): 30-41.

[34] CARLSON R, CHANDLER P, SWELLER J. Learning and understanding science instructional material [J]. Journal of Educational Psychol-

ogy, 2003, 95 (3): 629-640.

[35] CARR M, KURTZ B E, SCHNEIDER W, et al. Strategy acquisition and transfer among American and German children: Environmental influences on metacognitive development [J]. Developmental Psychology, 1989, 25 (5): 765-771.

[36] CASE R, SOWDER J T. The development of computational estimation: A neo-Piagetian analysis [J]. Cognition and Instruction, 1990, 7 (2): 79-104.

[37] CHANG S L. The systematic design of instruction [J]. Educational Technology Research and Development, 2006, 54 (4): 417-420.

[38] CHANG S L, LEY K. A learning strategy to compensate for cognitive overload in online learning: Learner use of printed online materials [J]. Journal of Interactive Online Learning, 2006, 5 (1): 104-117.

[39] CHEN R, GRIERSON L, NORMAN G. Manipulation of cognitive load variables and impact on auscultation test performance [J]. Advances in Health Sciences Education, 2015, 20 (4): 935-952.

[40] CHIEL H J, BEER R D. The brain has a body: Adaptive behavior emerges from interactions of nervous system, body and environment [J]. Trends in Neurosciences, 1997, 20 (12): 553-557.

[41] CIERNIAK G, SCHEITER K, GERJETS P. Explaining the split-attention effect: Is the reduction of extraneous cognitive load accompanied by an increase in germane cognitive load? [J]. Computers in Human Behavior, 2009, 25 (2): 315-324.

[42] CIMPIAN A, ERICKSON L C. Remembering kinds: New evidence that categories are privileged in children's thinking [J]. Cognitive Psychology, 2012, 64 (3): 161-185.

[43] CLARK A. An embodied cognitive science? [M] //CHEMERO A.

Radical embodied cognitive science. Cambridge: MIT Press, 2009: 1-20.

[44] CLARK R C, NGUYEN F, SWELLER J, et al. Efficiency in learning: Evidence-based guidelines to manage cognitive load [J]. Journal of Educational Technology and Society, 2007, 10 (3): 325-326.

[45] CLAXTON G, NISBET J, SHUCKSMITH J. Learning strategies [J]. British Journal of Educational Studies, 1987, 35 (2): 184-185.

[46] COHEN A D. Strategies in learning and using a second language [M]. London: Pearson, 2011.

[47] COHEN R L. On the generality of some memory laws [J]. Scandinavian Journal of Psychology, 1981, 22 (1): 267-281.

[48] COHEN R L. Memory for action events: The power of enactment [J]. Educational Psychology Review, 1989, 1 (1): 57-80.

[49] CORNO L. The metacognitive control components of self-regulated learning [J]. Contemporary Educational Psychology, 1986, 11 (4): 333-346.

[50] CRAGG L, GILMORE C. Skills underlying mathematics: The role of executive function in the development of mathematics proficiency [J]. Trends in Neuroscience and Education, 2014, 3 (2): 63-68.

[51] CROSSLEY M J, PAUL E J, ROEDER J L, et al. Declarative strategies persist under increased cognitive load [J]. Psychonomic Bulletin and Review, 2016, 23 (1): 213-222.

[52] DANSEREAU D F. Learning strategy research [M] //SEGAL J W, CHIPMAN S F, GLASER R. Thinking and Learning Skills: Volume 1: Relating Instruction To Research. Hillsdale: Lawrence Erlbaum Associates, 1985: 209-239.

[53] DANSEREAU D F, LONG G L, MCDONALD B A, et al. Effective

Learning Strategy Training Program: Development and Assessment. Final Report for Period January 1974–May 1975 [J]. Effective Learning Strategy Training Program Development & Assessment, 1975: 82.

[54] DAVIDS M R, HALPERIN M L, CHIKTE U M E. Optimising cognitive load and usability to improve the impact of e-learning in medical education [J]. African Journal of Health Professions Education, 2016, 7 (2): 147-152.

[55] DAVIS J I, MARKMAN A B. Embodied cognition as a practical paradigm: Introduction to the topic, the future of embodied cognition [J]. Topics in Cognitive Science, 2012, 4 (4): 685-691.

[56] DE VIGNEMONT F, SINGER T. The empathic brain: How, when and why? [J]. Trends in Cognitive Sciences, 2006, 10 (10): 435-441.

[57] DE P N, SLOMSKI J A, BRAVER T S. Functional specializations in lateral prefrontal cortex associated with the integration and segregation of information in working memory [J]. Cerebral Cortex, 2007, 17 (5): 993-1006.

[58] DECETY J, GRÈZES J. The power of simulation: Imagining one's own and other's behavior [J]. Brain Research, 2006, 1079 (1): 4-14.

[59] DELEEUW K E, MAYER R E. A comparison of three measures of cognitive load: Evidence for separable measures of intrinsic, extraneous, and germane load [J]. Journal of Educational Psychology, 2008, 100 (1): 223-234.

[60] DHAR R, KIM E Y. Seeing the forest or the trees: Implications of construal level theory for consumer choice [J]. Journal of Consumer Psychology, 2007, 17 (2): 96-100.

[61] DOWKER A. Computational estimation strategies of professional math-

ematicians [J]. Journal for Research in Mathematics Education, 1992, 23 (1): 45-55.

[62] DOWKER A. Early identification and intervention for students with mathematics difficulties [J]. Journal of Learning Disabilities, 2005, 38 (4): 324-332.

[63] DUVERNE S. Working memory, strategy execution, and strategy selection in mental arithmetic [J]. Quarterly Journal of Experimental Psychology, 2007, 60 (9): 1246-1264.

[64] DUVERNE S, LEMAIRE P, VANDIERENDONCK A. Do working-memory executive components mediate the effects of age on strategy selection or on strategy execution? Insights from arithmetic problem solving [J]. Psychological Research, 2008, 72 (1): 27-38.

[65] ELLIS R, ELLIS R R. The study of second language acquisition [M]. Oxford: Oxford University Press, 1994.

[66] ENGELKAMP J, ZIMMER H D. Motor similarity in subject-performed tasks [J]. Psychological Research, 1994, 57 (1): 47-53.

[67] FLAVELL J H. Metacognition and cognitive monitoring: A new area of cognitive development inquiry [J]. American Psychologist, 1979, 34 (10): 906-911.

[68] FLUSBERG S J, THIBODEAU P H, STERNBERG D A, et al. A connectionist approach to embodied conceptual metaphor [J]. Frontiers in Psychology, 2010, 1: 6.

[69] FRENCH J W, EKSTROM R B, PRICE L A. Manual for kit of reference tests for cognitive factors (revised 1963) [M]. Princeton: Educational Testing Service, 1963.

[70] FYFE E R, DECARO M S, RITTLE-JOHNSON B. When feedback is cognitively-demanding: The importance of working memory capacity

[J]. Instructional Science, 2015, 43(1): 73-91.

[71] GAGNE E D, YEKOVICH C W, YEKOVICH F R. Cognitive Psychology of School Learning (2nd Ed.) [M]. Boston: Allyn and Bacon, 1997.

[72] GAL Y, GROSZ B, PFEFFER A, et al. The influence of task contexts on the decision-making of humans and computers [C] //International and Interdisciplinary Conference on Modeling and Using Context (Vol. 4635). Berlin: Springer-Verlag, 2007: 206-219.

[73] GANOR-STERN D. When you don't have to be exact: Investigating computational estimation skills with a comparison task [J]. Acta Psychologica, 2015, 154: 1-9.

[74] GARCIA R, MUSLEH W, TOCCO G, et al. Time-dependent blockade of STP and LTP in hippocampal slices following acute stress in mice [J]. Neuroscience Letters, 1997, 233(1): 41-44.

[75] GAULTNEY J F, KIPP K, KIRK G. Utilization deficiency and working memory capacity in adult memory performance: not just for children anymore [J]. Cognitive Development, 2005, 20(2): 205-213.

[76] GERJETS P, SCHEITER K, CATRAMBONE R. Designing instructional examples to reduce intrinsic cognitive load: Molar versus modular presentation of solution procedures [J]. Instructional Science, 2004, 32(1-2): 33-58.

[77] GERJETS P, SCHEITER K, CATRAMBONE R. Designing instructional examples to reduce intrinsic cognitive load: Molar versus modular presentation of solution procedures [J]. Instructional Science, 2004, 32(1-2): 33-58.

[78] GIBSON J J. The perception of visual surfaces [J]. American Journal of Psychology, 1950, 63(3): 367-384.

[79] GIBSON J J. A Theory of Perception [M]. Boston: Houghton Miff-

lin, 1979.

[80] GIGERENZER G, GAISSMAIER W. Heuristic decision making [J]. Annual Review of Psychology, 2011, 62 (1): 451-482.

[81] GLENBERG A M. Embodiment as a unifying perspective for psychology [J]. Wiley Interdisciplinary Reviews Cognitive Science, 2010, 1 (4): 586-596.

[82] GLENBERG A M, KASCHAK M P. Grounding language in action [J]. Psychonomic Bulletin and Review, 2002, 9 (4): 558-565.

[83] GRAESSER A C, D'MELLO S. Emotions During the Learning of Difficult Material [J]. Psychology of Learning and Motivation, 2012, 57: 183-225.

[84] GREENOUGH W T, MAIER S F. Molecular changes during learning: behavioral strategy—a comment on gaito and bonnet [J]. Psychological Bulletin, 1972, 78 (6): 480-482.

[85] GUVERCIN O, TEKKAYA C, SUNGUR S. A cross age study of elementary students' motivation towards science learning [J]. Hacettepe University Journal of Education, 2010, 39: 233-243.

[86] HAN S H, KIM M S. Visual search does not remain efficient when executive working memory is working [J]. Psychological Science, 2004, 15 (9): 623-628.

[87] HANSON S A, HOGAN T P. Computational estimation skill of college students [J]. Journal for Research in Mathematics Education, 2000, 31 (4): 483-499.

[88] HARARI O, COVINGTON M V. Reactions to achievement behavior from a teacher and student perspective: a developmental analysis [J]. American Educational Research Journal, 1981, 18 (1): 15-28.

[89] HAUK O, JOHNSRUDE I, PULVERMÜLLER F. Somatotopic rep-

resentation of action words in human motor and premotor cortex [J]. Neuron, 2004, 41 (2): 301-307.

[90] HEBERLEIN A S, ATKINSON A P. Neuroscientific evidence for simulation and shared substrates in emotion recognition: beyond faces [J]. Emotion Review, 2009, 1 (2): 162-177.

[91] HINAULT T, DUFAU S, LEMAIRE P. Sequential modulations of poorer-strategy effects during strategy execution: an event-related potential study in arithmetic [J]. Brain & Cognition, 2014, 91: 123-130.

[92] HINZE S R, BUNTING M F, PELLEGRINO J W. Strategy selection for cognitive skill acquisition depends on task demands and working memory capacity [J]. Learning and Individual Differences, 2009, 19 (4): 590-595.

[93] HODZIK S, LEMAIRE P. Inhibition and shifting capacities mediate adults' age-related differences in strategy selection and repertoire [J]. Acta Psychologica, 2011, 137 (3): 335-344.

[94] HRIN T N, FAHMY A F M, SEGEDINAC M D, et al. Systemic Synthesis Questions [SSynQs] as Tools to Help Students to Build Their Cognitive Structures in a Systemic Manner [J]. Research in Science Education, 2015, 46 (4): 1-22.

[95] HU F T, GINNS P, BOBIS J. Getting the point: tracing worked examples enhances learning [J]. Learning and Instruction, 2015, 35: 85-93.

[96] HUNG I C, HSU H H, CHEN N S, et al. Communicating through body: a situated embodiment-based strategy with flag semaphore for procedural knowledge construction [J]. Educational Technology Research and Development, 2015, 63 (5): 749-769.

[97] HUNG I C, LIN L I, FANG W C, et al. Learning with the body: an

embodiment-based learning strategy enhances performance of comprehending fundamental optics [J]. Interacting with Computers, 2014, 26（4）: 360-371.

[98] IDING M, KLEMM E B, CROSBY M E, et al. Interactive texts, figures and tables for learning science: constructivism in text design [J]. International Journal of Instructional Media, 2002, 29（4）: 441-452.

[99] IMBO I, VANDIERENDONCK A. The development of strategy use in elementary school children: working memory and individual differences [J]. Journal of Experimental Child Psychology, 2007, 96（4）: 284-309.

[100] IMBO I, DUVERNE S, LEMAIRE P. Working memory, strategy execution, and strategy selection in mental arithmetic [J]. The Quarterly Journal of Experimental Psychology, 2007, 60（9）: 1246-1264.

[101] JALANI N H, LAI C S. The Example-Problem-Based Learning Model: Applying Cognitive Load Theory [J]. World Conference on Technology, Innovation and Entrepreneurship, 2015, 195: 872-880.

[102] JAMES W. On some omissions of introspective psychology [J]. Mind, 1880, 9（33）: 1-26.

[103] JIAN Y C. Fourth graders' cognitive processes and learning strategies for reading illustrated biology texts: eye movement measurements [J]. Reading Research Quarterly, 2016, 51（1）: 93-109.

[104] JOHANNES M, JUDITH M, TOBIAS T. Sitting posture makes a difference—embodiment effects on depressive memory bias [J]. Clinical Psychology and Psychotherapy, 2014, 21（6）: 519-524.

[105] JOSTMANN N B, LAKENS D, SCHUBERT T W. Weight as an embodiment of importance [J]. Psychological Science, 2009, 20

（9）：1169-1174.

[106] KALYUGA S. Schema acquisition and sources of cognitive load [M] //PLASS J L, MORENO R, BRÜNKEN R. Cognitive load theory. Cambridge: Cambridge: Cambridge University Press, 2010: 48-64.

[107] KALYUGA S. Cognitive load theory: how many types of load does it really need? [J]. Educational Psychology Review, 2011, 23 (1): 1-19.

[108] KALYUGA S, AYRES P, CHANDLER P, et al. The expertise reversal effect [J]. Educational Psychologist, 2003, 38 (1): 23-31.

[109] KARABENICK S A, URDAN T C. Advances in Motivation and Achievement [M]. Bingley: Emerald Group Publishing Limited, 2012.

[110] KARPICKE J D, BLUNT J R. Retrieval practice produces more learning than elaborative studying with concept mapping [J]. Science, 2011, 331 (6018): 772-775.

[111] KESTER L, KIRSCHNER P A, VAN MERRIËNBOER J J G, et al. Just-in-time information presentation and the acquisition of complex cognitive skills [J]. Computers in Human Behavior, 2001, 17 (4): 373-391.

[112] KING R B, AREEPATTAMANNIL S. What students feel in school influences the strategies they use for learning: academic emotions and cognitive/meta-cognitive strategies [J]. Journal of Pacific Rim Psychology, 2014, 8 (1): 18-27.

[113] KIRSH D, MAGLIO P. On distinguishing epistemic from pragmatic action [J]. Cognitive Science, 1994, 18 (4): 513-549.

[114] KOLIĆ-VEHOVEC S, ZUBKOVIĆ B R, PAHLJINA-REINIĆ R. Development of metacognitive knowledge of reading strategies and atti-

tudes toward reading in early adolescence: the effect on reading comprehension [J]. Psychological Topics, 2014, 23 (1): 77-98.

[115] KORMI-NOURI R. The nature of memory for action events: An episodic integration view [J]. European Journal of Cognitive Psychology, 1995, 7 (4): 337-363.

[116] KRAHNKE K J. Principles and practice in second language acquisition [J]. TESOL Quarterly, 1982, 16 (2): 300-305.

[117] KRASHEN S D. The Input Hypothesis: Issues and Implications [M]. London: Longman, 1985.

[118] KULDAS S, ISMAIL H N, HASHIM S, et al. Unconscious learning processes: mental integration of verbal and pictorial instructional materials [J]. SpringerPlus, 2013, 2 (1): 1-14.

[119] LAKOFF G. The contemporary theory of metaphor [M] //ORTONY A. Metaphor and Thought. Cambridge: Cambridge: Cambridge University Press, 1993: 374-379.

[120] LAKOFF G, JOHNSON M. Philosophy in the flesh: the embodied mind and its challenge to western thought [J]. Journal of Scientific Exploration, 2004, 17 (1): 197-203.

[121] LAN Y J, CHEN N S, LI P, et al. Embodied cognition and language learning in virtual environments [J]. Educational Technology Research and Development, 2015, 63 (5): 1-6.

[122] LAN Y J, CHEN N S, SUNG Y T, et al. Mind and Body Learn Together: Embodied Cognition and Language Learning [C] //IEEE. IEEE International Conference on Advanced Learning Technologies, 2015: 469-471.

[123] LEAHY W, CHANDLER P, SWELLER J. When auditory presentations should and should not be a component of multimedia instruction

［J］. Applied Cognitive Psychology, 2003, 17（4）: 401-418.

［124］LEAHY W, HANHAM J, SWELLER J. High element interactivity information during problem solving may lead to failure to obtain the testing effect ［J］. Educational Psychology Review, 2015, 27（2）: 291-304.

［125］Learning and Motivation: Cognition in Education（Vol.55）［M］. Oxford: New York: Academic Press, 2010: 37-76.

［126］LEE I S. Gender differences in self-regulated on-line learning strategies within Korea's university context ［J］. Educational Technology Research and Development, 2002, 50（1）: 101-111.

［127］LEE S D, YOU M S, CHOI B Y. The differences of attribution tendency and self-regulated learning strategy between gifted students and general students in elementary school ［J］. Letras De Deusto, 2008, 18（3）: 81-100.

［128］LEFEVRE J A, GREENHAM S L, WAHEED G N. The development of procedural and conceptual knowledge in computational estimation ［J］. Cognition and Instruction, 1993, 11（2）: 95-132.

［129］LEMAIRE P, BRUN F. Effects of strategy sequences and response-stimulus intervals on children's strategy selection and strategy execution: a study in computational estimation ［J］. Psychological Research, 2014, 78（4）: 506-519.

［130］LEMAIRE P, LECACHEUR M. Strategy switch costs in arithmetic problem solving ［J］. Memory and Cognition, 2010, 38（3）: 322-332.

［131］LEMAIRE P, LECACHEUR M. Age-related changes in children's executive functions and strategy selection: a study in computational estimation ［J］. Cognitive Development, 2011, 26（3）: 282-294.

［132］LEMAIRE P, SIEGLER R S. Four aspects of strategic change: contributions to children's learning of multiplication [J]. Journal of Experimental Psychology: General, 1995, 124(1): 83-97.

[133] LEMAIRE P, ARNAUD L, LECACHEUR M. Adults' age-related differences in adaptivity of strategy choices: evidence from computational estimation [J]. Psychology and Aging, 2004, 19(3): 467-481.

[134] LEMAIRE P, ARNAUD L, LECACHEUR M. Adults' age-related differences in adaptivity of strategy choices: Evidence from computational estimation [J]. Psychology and Aging, 2004, 19(3): 467-481.

[135] LEMAIRE P, LECACHEUR M, FARIOLI F. Children's strategy use in computational estimation [C] //InTech. Systems and Computational Biology - Bioinformatics and Computational Modeling, 2000: 123-145.

[136] LEVINE D R. Strategy use and estimation ability of college students [J]. Journal for Research in Mathematics Education, 1982, 13(5): 350-359.

[137] LI G, WANG L. The effects of encoding modality and object presence on event-based prospective memory in seven- to nine-year-old children [J]. Journal of Cognitive Psychology, 2015, 27(6): 725-738.

[138] LI G, WANG L, YING H. Directed forgetting of negative performed actions is difficult: a behavioral study [J]. Quarterly Journal of Experimental Psychology, 2015, 68(12): 1-23.

[139] LIBERMAN N, TROPE Y. The role of feasibility and desirability considerations in near and distant future decisions: A test of temporal construal theory [J]. Journal of Personality and Social Psychology, 1998, 75(1): 5-18.

[140] LIBERMAN N, SAGRISTANO M D, TROPE Y. The effect of tempo-

ral distance on level of mental construal [J]. Journal of Experimental Social Psychology, 2002, 38 (6): 523-534.

[141] LOVETT M C, ANDERSON J R. History of success and current context in problem solving: Combined influences on operator selection [J]. Cognitive Psychology, 1996, 31 (2): 168-217.

[142] LUWEL K, SCHILLEMANS V, ONGHENA P, et al. Does switching between strategies within the same task involve a cost? [J]. British Journal of Psychology, 2009, 100 (4): 753-771.

[143] MACEDONIA M, KLIMESCH W. Long-term effects of gestures on memory for foreign language words trained in the classroom [J]. Mind, Brain, and Education, 2014, 8 (2): 74-88.

[144] MACEDONIA M, KNÖSCHE T R. Body in mind: how gestures empower foreign language learning [J]. Mind, Brain and Education, 2011, 5 (4): 196-211.

[145] MACEDONIA M, KNOSCHE T R. Body in Mind: How Gestures Empower Foreign Language Learning [J]. International Mind, Brain, and Education, 2012, 5 (4): 196-211.

[146] MADL T, FRANKLIN S, SNAIDER J, et al. Continuity and the Flow of Time: A Cognitive Science Perspective [M] //MÖLDER B, ARSTILA V, ØHRSTRØM P. Philosophy and Psychology of Time. Basel: Springer International Publishing, 2016: 45-68.

[147] MAREWSKI J N, SCHOOLER L J. Cognitive niches: an ecological model of strategy selection [J]. Psychological Review, 2011, 118 (3): 393-437.

[148] MASUI C, CORTE E D. Learning to reflect and to attribute constructively as basic components of self-regulated learning [J]. British Journal of Educational Psychology, 2005, 75 (3): 351-372.

[149] MATA R, JOSEF A K, LEMAIRE P. Chapter 6—Adaptive decision making and aging [M] //HESS T M, STROUGH J, LCKENHOFF C (Eds.). Aging and Decision Making: Empirical and Applied Perspectives. New York: Academic Press, 2015: 105-122.

[150] MAYER M L, WESTBROOK G L. The physiology of excitatory amino acids in the vertebrate central nervous system [J]. Progress in Neurobiology, 1987, 28 (3): 197-276.

[151] MAYER R E, MORENO R. Nine ways to reduce cognitive load in multimedia learning [J]. Educational Psychologist, 2003, 38 (1): 43-52.

[152] MCINTOSH D N. Facial feedback hypotheses: evidence, implications, and directions [J]. Motivation and Emotion, 1996, 20 (2): 121-147.

[153] MCTIGUE E M. Does multimedia learning theory extend to middle-school students? [J]. Contemporary Educational Psychology, 2009, 34 (2): 143-153.

[154] MERRIËNBOER J J G V, SWELLER J. Cognitive load theory in health professional education: design principles and strategies [J]. Medical Education, 2010, 44 (1): 85-93.

[155] MICHALAK J, MISCHNAT J, TEISMANN T. Sitting posture makes a difference—embodiment effects on depressive memory bias [J]. Clinical Psychology and Psychotherapy, 2014, 21 (6): 519-524.

[156] MILLER P H, SEIER W L. Strategy utilization deficiencies in children: when, where, and why [J]. Advances in Child Development and Behavior, 1994, 25: 107-156.

[157] MOOS D C, STEWART C A. Self-Regulated Learning with Hypermedia: Bringing Motivation into the Conversation [M] //AZEVEDO R,

ALEVEN V. International Handbook of Metacognition and Learning Technologies. New York: Springer, 2013: 23-45.

[158] MORENO R. Decreasing cognitive load for novice students: effects of explanatory versus corrective feedback in discovery-based multimedia [J]. Instructional Science, 2004, 32(1-2): 99-113.

[159] MOREY C C, CONG Y, ZHENG Y, et al. The color-sharing bonus: roles of perceptual organization and attentive processes in visual working memory [J]. Archives of Scientific Psychology, 2015, 3(1): 18-29.

[160] MOSKOWITZ G B, GOLLWITZER P M, WASEL W, et al. Preconscious control of stereotype activation through chronic egalitarian goals [J]. Journal of Experimental Social Psychology, 1999, 35(5): 397-404.

[161] MOUSAVI S Y, LOW R, SWELLER J. Reducing cognitive load by mixing auditory and visual presentation modes [J]. Journal of Educational Psychology, 1995, 87(2): 319-334.

[162] MUSALLAM R. The effects of using screencasting as a multimedia pre-training tool to manage the intrinsic cognitive load of chemical equilibrium instruction for advanced high school chemistry students [C] // IEEE. IEEE Vehicular Technology Conference Fall (Vol.81), 2011: 1-5.

[163] MUTHUKUMARASWAMY S D, JOHNSON B W. A dual mechanism neural framework for social understanding [J]. Philosophical Psychology, 2007, 20(1): 43-63.

[164] NEWELL A, SIMON H A. The logic theory machine [J]. IRE Transactions on Information Theory, 1956, IT-2(3): 61-79.

[165] NEWELL A, SHAW J C, SIMON H A. Chess-playing programs and

the problem of complexity [J]. IBM Journal of Research and Development, 1958, 2(4): 320-335.

[166] NUSSBAUM S, TROPE Y, LIBERMAN N. Creeping dispositionism: The temporal dynamics of behavior prediction [J]. Journal of Personality and Social Psychology, 2003, 84(3): 485-497.

[167] NYBERG L, NILSSON L G, BÄCKMAN L. A component analysis of action events [J]. Psychological Research, 1991, 53(3): 219-225.

[168] O'MALLEY J M, CHAMOT A U. Learning Strategies in Second Language Acquisition: Glossary [M] //O'MALLEY J M, CHAMOT A U. Learning Strategies in Second Language Acquisition. Cambridge: Cambridge: Cambridge University Press, 1990: 234-256.

[169] OXFORD R L. Language Learning Strategies [M]. Boston: Newbury House Publishers, 1990.

[170] OXFORD R, NYIKOS M. Variables affecting choice of language learning strategies by university students [J]. Modern Language Journal, 1989, 73(3): 291-300.

[171] PAAS F G W C, VAN MERRIËNBOER J J G. Variability of worked examples and transfer of geometrical problem-solving skills: A cognitive-load approach [J]. Journal of Educational Psychology, 1994, 86(1): 122-133.

[172] PAAS F, GOG T V. Optimising worked example instruction: Different ways to increase germane cognitive load [J]. Learning and Instruction, 2006, 16(2): 87-91.

[173] PAAS F, GOG T V, SWELLER J. Cognitive load theory: New conceptualizations, specifications, and integrated research perspectives [J]. Educational Psychology Review, 2010, 22(2): 115-121.

[174] PAAS F, RENKL A, SWELLER J. Cognitive load theory and instruc-

tional design: Recent developments [J]. Educational Psychologist, 2003, 38(1): 1-4.

[175] PAYNE J W, BETTMAN J R, JOHNSON E J. The Adaptive Decision Maker [M]. Cambridge: Cambridge University Press, 1993.

[176] PEETERS D, DEGRANDE T, EBERSBACH M, et al. Children's use of number line estimation strategies [J]. European Journal of Psychology of Education, 2016, 31(2): 117-134.

[177] PEKRUN R, GOETZ T, TITZ W, et al. Academic emotions in students' self-regulated learning and achievement: A program of qualitative and quantitative research [J]. Educational Psychologist, 2002, 37(2): 91-105.

[178] PERLOVSKY L, ILIN R. Mathematical model of embodied symbols: Cognition and perceptual symbol system [J]. Journal of Behavioral and Brain Science, 2012, 2(2): 195-220.

[179] PETERS E, DIECKMANN N F, WELLER J. Chapter 9 – Age differences in complex decision making [M]//BIRREN J E, SCHAIE K W, ABELES R P. Handbook of the Psychology of Aging. New York: Academic Press, 2011: 133-151.

[180] PEZZULO G, BARSALOU L W, CANGELOSI A, et al. The mechanics of embodiment: A dialog on embodiment and computational modeling [J]. Cognition, 2011, 2: 97-117.

[181] PHILLIPS P L, KAUSLER D H. Variation in external context and adult age differences in action memory [J]. Experimental Aging Research, 1992, 18(1-2): 41-44.

[182] PINTRICH P R, DE GROOT E V. Motivational and self-regulated learning components of classroom academic performance [J]. Journal of Educational Psychology, 1990, 82(1): 33-40.

[183] PRASAD P M. When less is more: Information, emotional arousal and the ecological reframing of the Yerkes-Dodson law [J]. Theory and Psychology, 2004, 14(4): 427-452.

[184] PRICE S, SAKR M, JEWITT C. Exploring whole-body interaction and design for museums [J]. Interacting with Computers, 2016, 28(5): 569-583.

[185] RAMIREZ G, CHANG H, MALONEY E A, et al. On the relationship between math anxiety and math achievement in early elementary school: The role of problem solving strategies [J]. Journal of Experimental Child Psychology, 2016, 141: 83-100.

[186] REBER A S. Implicit learning of artificial grammars [J]. Journal of Verbal Learning and Verbal Behavior, 1967, 6(6): 855-863.

[187] REPETTO C, PEDROLI E, MACEDONIA M. Enrichment effects of gestures and pictures on abstract words in a second language [J]. Frontiers in Psychology, 2017, 8.

[188] RICHARDS J C. Simplification: A strategy in the adult acquisition of a foreign language: An example from Indonesian/Malay [J]. Language Learning, 2010, 25(1): 115-126.

[189] RIESKAMP J, OTTO P E. SSL: A theory of how people learn to select strategies [J]. Journal of Experimental Psychology: General, 2006, 135(2): 207-236.

[190] RIZZOLATTI G, CRAIGHERO L. The mirror-neuron system [J]. Annual Review of Neuroscience, 2004, 27: 169-192.

[191] RIZZOLATTI G, FADIGA L, MATELLI M, et al. Localization of grasp representations in humans by PET: 1 [J]. Experimental Brain Research, 1996, 111(2): 246-252.

[192] ROBINSON F P. Effective Study [M]. New York: Harper and

Brothers, 1946.

[193] RUESCHEMEYER S A, LINDEMANN O, VAN RIJN H, et al. Effects of intentional motor actions on embodied language processing [J]. Experimental Psychology, 2009, 57 (4): 260-266.

[194] SCHELBLE J L. Working memory capacity and extraneous cognitive load during strategy instruction [D]. University of Florida, 2012.

[195] SCHNEIDER I K, RUTJENS B T, JOSTMANN N B, et al. Weighty matters: Importance literally feels heavy [J]. Social Psychological and Personality Science, 2011, 2 (4): 474-478.

[196] SCHUNN C D, REDER L M. Another source of individual differences: Strategy adaptivity to changing rates of success [J]. Journal of Experimental Psychology: General, 2001, 130 (1): 59-76.

[197] SCHWARTZ R N, PLASS J L. Click versus drag: User-performed tasks and the enactment effect in an interactive multimedia environment [J]. Computers in Human Behavior, 2014, 33: 242-255.

[198] SEETHALER P M, FUCHS L S. The cognitive correlates of computational estimation skill among third-grade students [J]. Learning Disabilities Research and Practice, 2006, 21 (4): 233-243.

[199] SEMIN G R, SMITH E R. Interfaces of social psychology with situated and embodied cognition [J]. Cognitive Systems Research, 2002, 3 (3): 385-396.

[200] SEMIN G R, GARRIDO M V, PALMA T A. Socially situated cognition: Recasting social cognition as an emergent phenomenon [M] // FISKE S T, NEIL M C (Eds.). The Sage Handbook of Social Cognition. Washington DC: Sage Publications, 2012: 138-165.

[201] SENKFOR A J, VAN PETTEN C. Episodic action memory for real objects: An ERP investigation with perform, watch, and imagine ac-

tion encoding tasks versus a non-action encoding task [J]. Journal of Cognitive Neuroscience, 2006, 18（3）: 402-419.

［202］SHAPIRO L. The embodied cognition research programme [J]. Philosophy Compass, 2007, 2（2）: 338-346.

［203］SHEHAB H M, NUSSBAUM E M. Cognitive load of critical thinking strategies [J]. Learning and Instruction, 2015, 35: 51-61.

［204］SHRAGER J, SIEGLER R S. Scads: A model of children's strategy choices and strategy discoveries [J]. Psychological Science, 1998, 9（5）: 405-410.

［205］SIEGLER R S. Emerging Minds: The Process of Change in Children's Thinking [M]. Oxford: Oxford University Press, 1996.

［206］SIEGLER R S. The rebirth of children's learning [J]. Child Development, 2000, 71（1）: 26-35.

［207］SIEGLER R S. Microgenetic analyses of learning [M] //DAMON W, LERNER R M. Handbook of Child Psychology. New York: John Wiley and Sons, Inc, 2007: 1-41.

［208］SIEGLER R S, BOOTH J L. Development of numerical estimation in young children [J]. Child Development, 2004, 75（2）: 428-444.

［209］SIEGLER R S, LEMAIRE P. Older and younger adults' strategy choices in multiplication: Testing predictions of ASCM using the choice/no-choice method [J]. Journal of Experimental Psychology: General, 1997, 126（1）: 71-92.

［210］SIEGLER R S, THOMPSON C A, SCHNEIDER M. An integrated theory of whole number and fractions development [J]. Cognitive Psychology, 2011, 62（4）: 273-296.

［211］SIMON H A. Models of My Life [M]. Cambridge: MIT Press, 1996.

［212］SINGER T, SEYMOUR B, O'DOHERTY J, et al. Empathy for pain involves the affective but not sensory components of pain [J]. Science, 2004, 303(5661): 1157-1162.

[213] SLUSSER E B, SANTIAGO R T, BARTH H C. Developmental change in numerical estimation [J]. Journal of Experimental Psychology: General, 2013, 142(1): 193-208.

[214] SMITH E R, SEMIN G R. Socially situated cognition: Cognition in its social context [J]. Advances in Experimental Social Psychology, 2004, 36: 53-117.

[215] SMITH E R, SEMIN G R. Situated social cognition [J]. Current Directions in Psychological Science, 2007, 16(3): 132-135.

[216] STAR J R, RITTLE-JOHNSON B, LYNCH K, et al. The role of prior knowledge in the development of strategy flexibility: The case of computational estimation [J]. ZDM, 2009, 41(5): 569-579.

[217] STINEBRICKNER T, STINEBRICKNER R. Learning about academic ability and the college dropout decision [J]. Journal of Labor Economics, 2012, 30(4): 707-748.

[218] STULL A T, MAYER R E. Learning by doing versus learning by viewing: Three experimental comparisons of learner-generated versus author-provided graphic organizers [J]. Journal of Educational Psychology, 2007, 99(4): 808-820.

[219] SWELLER J. Cognitive load during problem solving: effects on learning [J]. Cognitive Science, 1988, 12(2): 257-285.

[220] SWELLER J. Cognitive load theory, learning difficulty, and instructional design [J]. Learning and Instruction, 1994, 4(3): 295-312.

[221] SWELLER J. Cognitive load theory, learning difficulty, and instructional design [J]. Learning and Instruction, 1994, 4(4): 295-312.

[222] SWELLER J. Evolution of human cognitive architecture [J]. Psy-

chology of Learning and Motivation, 2003, 43: 215-266.

[223] SWELLER J. Instructional design consequences of an analogy between evolution by natural selection and human cognitive architecture [J]. Instructional Science, 2004, 32 (1): 9-31.

[224] SWELLER J. Instructional design consequences of an analogy between evolution by natural selection and human cognitive architecture [J]. Instructional Science: An International Journal of Learning and Cognition, 2004, 32 (1-2): 9-31.

[225] SWELLER J. Cognitive load theory: Recent theoretical advances [M] // PLASS J L, MORENO R, BRUNKEN R (Eds.). Cognitive Load Theory. Cambridge: Cambridge University Press, 2010: 29-47.

[226] SWELLER J. Element interactivity and intrinsic, extraneous, and germane cognitive load [J]. Educational Psychology Review, 2010, 22 (2): 123-138.

[227] SWELLER J. Cognitive load theory [M] //BARTELS D M, BAUMAN C W, Skitka L J. Psychology of Learning and Motivation (Vol.55). New York: Academic Press, 2011: 37-76.

[228] SWELLER J. Human cognitive architecture: Why some instructional procedures work and others do not [M] //HARRIS K R, GRAHAM S, URDAN T, et al. (Eds.). APA Educational Psychology Handbook, 2012: 1-28.

[229] SWELLER J, CHANDLER P. Why some material is difficult to learn [J]. Cognition and Instruction, 1994, 12 (3): 185-233.

[230] SWELLER J, MERRIENBOER J J G V, PAAS F G W C. Cognitive architecture and instructional design [J]. Educational Psychology Review, 1998, 10 (3): 251-296.

[231] SWELLER J, VAN MERRIËNBOER J J G, PAAS F G W C. Cogni-

tive architecture and instructional design [J]. Educational Psychology Review, 1998, 10 (3): 251–296.

[232] TAGER - FLUSBURG H, JOSEPH R, FOLSTEIN S. Current directions in research on autism [J]. Developmental Disabilities Research Reviews, 2001, 7 (1): 21–29.

[233] TAILLAN J, ARDIALE E, LEMAIRE P. Relationships between strategy switching and strategy switch costs in young and older adults: A study in arithmetic problem solving [J]. Experimental Aging Research, 2015, 41 (2): 136–156.

[234] TAILLAN J, DUFAU S, LEMAIRE P. How Do We Choose Among Strategies to Accomplish Cognitive Tasks? Evidence From Behavioral and Event - Related Potential Data in Arithmetic Problem Solving [J]. Mind, Brain, and Education, 2015, 9 (4): 222–231.

[235] TAYLOR L J, ZWAAN R A. Action in cognition: The case of language [J]. Language and Cognition, 2009, 1 (1): 45–58.

[236] TELLIER M. The effect of gestures on second language memorisation by young children [J]. Gesture, 2008, 8 (2): 219–235.

[237] TENNANT L K, MURRAY N P, TENNANT L M. Effects of strategy use on acquisition of a motor task during various stages of learning [J]. Perceptual and Motor Skills, 2004, 98 (3, Pt. 2): 1337–1344.

[238] TORBEYNS J. Strategy development in children with mathematical disabilities [J]. Journal of Learning Disabilities, 2004, 37 (2): 119–131.

[239] TORBEYNS J, SMEDT B D, PETERS G, et al. Use of indirect addition in adults' mental subtraction in the number domain up to 1,000 [J]. British Journal of Psychology, 2011, 102 (3): 585–597.

[240] TREFFNER P, PETER M. Intentional and attentional dynamics of

speech-hand coordination [J]. Human Movement Science, 2002, 21 (5-6): 641-697.

[241] TROPE Y, LIBERMAN N. Temporal construal and time-dependent changes in preference [J]. Journal of Personality and Social Psychology, 2000, 79 (6): 876-889.

[242] TROPE Y, LIBERMAN N. Temporal construal [J]. Psychological Review, 2003, 110 (3): 403-421.

[243] TSAI C C, CHUANG S C, LIANG J C, et al. Self-efficacy in internet-based learning environments: A literature review [J]. Journal of Educational Technology and Society, 2011, 14 (4): 222-240.

[244] UITTENHOVE K, BURGER L, TACONNAT L, et al. Sequential difficulty effects during execution of memory strategies in young and older adults [J]. Memory, 2015, 23 (6): 806-816.

[245] VALCKE M. Cognitive load: Updating the theory? [J]. Learning and Instruction, 2002, 12 (1): 147-154.

[246] VALCKE M. Mapping the learning styles "jungle": An overview of the literature based on citation analysis [J]. Educational Psychology, 2004, 24 (4): 445-464.

[247] VAN MERRIËNBOER J J G, AYRES P. Research on cognitive load theory and its design implications for e-learning [J]. Educational Technology Research and Development, 2005, 53 (3): 5-13.

[248] VAN MERRIËNBOER J J G, SWELLER J. Cognitive load theory and complex learning: recent developments and future directions [J]. Educational Psychology Review, 2005, 17 (2): 147-177.

[249] VAN MERRIËNBOER J J G, KESTER L, PAAS F. Teaching complex rather than simple tasks: balancing intrinsic and germane load to enhance transfer of learning [J]. Applied Cognitive Psychology,

2006, 20（3）: 343-352.

[250] VANCE J. Emotion and the new epistemic challenge from cognitive penetrability [J]. Philosophical Studies, 2013, 169（2）: 257-283.

[251] VANDEWAETERE M, CLAREBOUT G. Cognitive load of learner control: extraneous or germane load? [J]. Education Research International, 2013（2）: 1-11.

[252] VENEZIA J H, GREGORY H. Teaching and learning guide for: mirror neurons, the motor system, and language—from the motor theory to embodied cognition and beyond [J]. Language and Linguistics Compass, 2010, 4（8）: 742-749.

[253] VERSCHAFFEL L, LUWEL K, TORBEYNS J, et al. Conceptualizing, investigating, and enhancing adaptive expertise in elementary mathematics education [J]. European Journal of Psychology of Education, 2009, 24（3）: 335-359.

[254] VITALE M R, NANCY R. A research-based strategy for inductively accelerating vocabulary acquisition of at-risk students in grade 4 [J]. International Journal of Research Studies in Language Learning, 2012, 1（2）: 33-46.

[255] WALSH M M, ANDERSON J R. The strategic nature of changing your mind [J]. Cognitive Psychology, 2009, 58（3）: 416-440.

[256] WANG M Y, CHEN Y H. The influence of central executive of working memory on children's arithmetical cognitive strategies [J]. Psychological Development and Education, 2006, 22（4）: 24-28.

[257] WEINSTEIN C E, GOETZ E T, ALEXANDER P A. Learning and Study Strategies: Issues in Assessment, Instruction, and Evaluation [M]. New York: Academic Press, 1988.

[258] WENDEN A. Learner Strategies for Learner Autonomy: Planning and

Implementing Learner Training for Language Learners [M]. Upper Saddle River: Prentice Hall, 1991.

[259] WILSON M. Six views of embodied cognition [J]. Psychonomic Bulletin and Review, 2002, 9 (4): 625-636.

[260] WINBERG T M, HELLGREN J M, PALM T. Stimulating positive emotional experiences in mathematics learning: Influence of situational and personal factors [J]. European Journal of Psychology of Education, 2014, 29 (4): 673-691.

[261] XU C, WELLS E, LEFEVRE J A, et al. Strategic flexibility in computational estimation for Chinese- and Canadian-educated adults [J]. Journal of Experimental Psychology: Learning, Memory, and Cognition, 2014, 40 (5): 1481-1497.

[262] YAN J H. Cognitive styles affect choice response time and accuracy [J]. Personality and Individual Differences, 2010, 48 (6): 747-751.

[263] YILDIRIM S. Teacher support, motivation, learning strategy use, and achievement: A multilevel mediation model [J]. Journal of Experimental Education, 2012, 80 (2): 150-172.

[264] YOUNG C J. Development of Numerical Estimation: Data and Models [D]. The Ohio State University, 2011.

[265] YUNG H I, PAAS F. Effects of cueing by a pedagogical agent in an instructional animation: A cognitive load approach [J]. Journal of Educational Technology and Society, 2015, 18 (3): 153-160.

[266] ZHONG C B, LEONARDELLI G J. Cold and lonely: Does social exclusion literally feel cold? [J]. Psychological Science, 2008, 19 (9): 838-842.

[267] ZHOU G, XU J. Adoption of educational technology ten years after

setting strategic goals: A Canadian university case [J]. Australasian Journal of Educational Technology, 2007, 23(4): 508-528.

[268] ZIMMERMAN B J, MARTINEZ-PONS M. Student differences in self-regulated learning: Relating grade, sex, and giftedness to self-efficacy and strategy use [J]. Journal of Educational Psychology, 1990, 82(1): 51-59.

[269] ZWAAN R A, TAYLOR L J. Seeing, acting, understanding: Motor resonance in language comprehension [J]. Journal of Experimental Psychology: General, 2006, 135(1): 1-11.

[270] 陈英和, 王明怡. 儿童执行功能与算术认知策略的关系 [J]. 心理科学, 2009(1): 34-37.

[271] 褚勇杰, 刘电芝, 杨会会. 内隐学习策略的存在及其外显转化 [J]. 心理学探新, 2011, 31(1): 29-35.

[272] 丁晓, 吕娜, 杨雅琳, 等. 工作记忆成分的年龄相关差异对算术策略运用的预测效应 [J]. 心理学报, 2017, 49(6): 759-770.

[273] 何木叶, 张荣华, 刘电芝, 等. 学习策略生成的自传作品和访谈研究 [J]. 宁波大学学报(教育科学版), 2014, 36(5): 68-74.

[274] 刘电芝, 黄希庭. 小学生数学学习策略的运用与发展特点 [J]. 心理科学, 2005, 28(2): 272-276.

[275] 刘电芝, 张荣华. 学习策略教学的类型、阶段与特点 [J]. 课程·教材·教法, 2004(3): 17-21.

[276] 刘电芝, 张荣华. 学科学习策略的教学与运用 [J]. 西南大学学报(社会科学版), 2005, 31(4): 26-29.

[277] 刘电芝. 学习策略的实质 [J]. 宁波大学学报(教育科学版), 2000, 22(1): 18-20.

[278] 刘电芝. 组织学习策略 [J]. 学科教育, 1997(5): 41-44.

[279] 莫秀锋，刘电芝. 初中生数学学习策略的可控心理影响机制[J]. 心理与行为研究，2005，3（4）：286-290.

[280] 曲方炳，殷融，钟元，等. 语言理解中的动作知觉：基于具身认知的视角[J]. 心理科学进展，2012，20（6）：834-842.

[281] 曲方炳，殷融，钟元，等. 语言理解中的动作知觉：基于具身认知的视角[J]. 心理科学进展，2012，20（6）：834-842.

[282] 施弈丞. 结合体感式学习策略与脑波侦测适性化策略对于记忆力训练成效之影响[D]. 高雄：中山大学，2015.

[283] 司继伟，刘亚琼，贾国敬，等. 认知风格、中央执行负荷影响算术估算的策略选择适应性：行为与眼动证据[J]. 苏州大学学报（教育科学版），2016，4（1）：85-95.

[284] 司继伟，杨佳，贾国敬，等. 中央执行负荷对成人估算策略运用的影响[J]. 心理学报，2012，44（11）：1490-1500.

[285] 谢国栋. 视障运动员动作记忆感觉道效应的实验研究[J]. 上海体育学院学报，2006，30（3）：48-52.

[286] 谢国栋. 运动负荷对动作内隐记忆影响的实验研究[J]. 聊城大学学报（自然科学版），2007，20（4）：7-11.

[287] 许修豪. 探讨情境式体感策略对于旗语通讯学习成效之影响[D]. 高雄：中山大学，2014.

[288] 叶浩生. 有关具身认知思潮的理论心理学思考[J]. 心理学报，2011（5）：589-598.

[289] 叶浩生. 具身认知：认知心理学的新取向[J]. 心理科学进展，2010（5）：705-710.

[290] 叶浩生. 西方心理学中的具身认知研究思潮[J]. 华中师范大学学报（人文社会科学版），2011，50（4）：153-160.

[291] 殷明，刘电芝. 身心融合学习：具身认知及其教育意蕴[J]. 课程·教材·教法，2015（7）：57-65.

[292] 余姣姣，张剑心，孙丽霞，等．策略转换的成本与顺序效应［J］．心理科学进展，2016（8）：1198-1206．

[293] 张恒超，阴国恩．学习方式对关系类别间接性学习的影响［J］．心理与行为研究，2010，8（4）：257-262．

[294] 张红段，王玉璇，胡冬梅，等．场认知风格、中央执行成分影响个体算术策略运用的眼动研究［J］．心理研究，2015，8（1）：43-51．

[295] 张鹏程，冷英，卢家楣．情绪体验与认知负荷对工作记忆影响的实证研究［J］．心理学探新，2017，37（1）：17-22．

[296] 张荣华，康旋，彭文波，等．大学生英语学习策略使用特点及发展趋势研究［J］．心理发展与教育，2008，24（3）：94-99．

[297] 张荣华，刘电芝．高效学习：学习策略的生成和掌握［J］．课程·教材·教法，2012，32（4）：21-26．

[298] 张堂正．中央执行抑制训练对数学困难儿童估算策略运用的影响［D］．济南：山东师范大学，2016．

附　录

附录1：策略选择偏好类型的判定

具身组别	选择偏好	低负荷DU正确率	低负荷UD正确率	高负荷DU正确率	高负荷UD正确率	DU选择概率	UD选择概率
1	1	1	0.03	0.93	0	0.97	0.02
1	1	0.93	0.07	0.97	0.17	0.95	0.12
1	2	0.4	0.8	0.17	0.73	0.29	0.77
1	2	0.5	0.67	0.13	0.6	0.32	0.64
1	1	0.97	0.03	0.97	0	0.97	0.02
1	3	1	1	1	1	1	1
1	4	0.63	0.6	0.4	0.33	0.52	0.47
1	3	0.97	0.97	0.97	0.97	0.97	0.97
1	3	1	1	0.97	1	0.99	1
1	2	0	0.97	0	0.97	0	0.97
1	1	0.97	0	1	0	0.99	0
1	4	0.4	0.43	0.53	0.67	0.47	0.55
1	2	0.4	0.73	0.23	0.7	0.32	0.72
1	3	1	0.93	0.93	1	0.97	0.97
1	3	0.8	0.97	0.93	0.97	0.87	0.97
1	1	0.97	0	0.97	0	0.97	0

续表

具身组别	选择偏好	低负荷DU正确率	低负荷UD正确率	高负荷DU正确率	高负荷UD正确率	DU选择概率	UD选择概率
1	2	0.53	0.73	0.23	0.63	0.38	0.68
1	1	0.93	0.4	0.6	0.33	0.77	0.37
1	1	1	0	1	0.03	1	0.02
1	4	0.63	0.43	0.47	0.23	0.55	0.33
1	1	1	0.03	1	0	1	0.02
1	1	0.93	0	0.97	0.03	0.95	0.02
1	2	0.27	0.97	0	0.97	0.14	0.97
1	1	0.97	0.03	0.97	0.03	0.97	0.03
1	2	0	1	0	0.97	0	0.99
1	1	0.97	0	0.97	0.03	0.97	0.02
1	3	0.73	0.77	0.57	0.6	0.65	0.69
1	3	0.93	0.83	0.97	0.87	0.95	0.85
1	1	1	0.03	0.97	0.07	0.99	0.05
1	3	1	0.97	1	1	1	0.99
1	2	0.5	0.77	0.23	0.73	0.37	0.75
1	3	1	0.7	0.87	0.57	0.94	0.64
1	1	0.97	0.03	0.97	0	0.97	0.02
1	2	0.03	0.93	0.03	0.97	0.03	0.95
1	2	0.13	0.9	0.07	0.93	0.1	0.92
1	1	1	0	0.97	0.03	0.99	0.02
1	1	1	0	1	0	1	0
1	1	1	0	0.97	0	0.99	0
1	3	0.9	0.93	0.97	0.87	0.94	0.9
1	3	1	1	0.9	0.93	0.95	0.97
1	1	1	0.07	0.93	0.07	0.97	0.07
1	3	0.93	0.67	0.97	0.63	0.95	0.65
1	3	1	1	0.9	1	0.95	1
1	3	0.97	1	1	1	0.98	1
1	1	1	0	1	0.03	1	0.02
1	1	0.97	0.03	0.9	0.07	0.93	0.05
1	1	1	0	0.97	0.03	0.98	0.02

续表

具身组别	选择偏好	低负荷DU正确率	低负荷UD正确率	高负荷DU正确率	高负荷UD正确率	DU选择概率	UD选择概率
1	1	1	0	0.97	0	0.98	0
1	2	0.3	0.93	0.07	0.8	0.18	0.87
1	3	0.1	0.97	0.1	0.97	0.1	0.97
1	3	0.97	0.97	0.97	1	0.97	0.98
1	2	0.33	1	0.07	0.87	0.2	0.93
1	2	0	1	0	1	0	1
1	4	0.4	0.43	0.7	0.67	0.55	0.55
1	2	0.03	1	0.03	1	0.03	1
1	3	0.97	1	1	1	0.98	1
1	1	0.97	0.13	1	0.43	0.98	0.28
1	3	0.97	0.83	0.87	0.87	0.92	0.85
1	1	1	0	0.97	0	0.98	0
1	2	0.03	0.87	0.07	0.9	0.05	0.88
1	2	0.03	1	0	0.97	0.02	0.98
1	2	0.13	0.83	0.2	0.8	0.17	0.82
1	1	1	0	0.93	0.03	0.97	0.02
1	3	1	1	0.97	0.93	0.98	0.97
1	1	0.93	0.03	0.93	0.03	0.93	0.03
1	4	0.47	0.47	0.63	0.6	0.55	0.53
1	3	0.9	1	0.87	1	0.88	1
1	2	0.67	0.8	0.5	0.63	0.58	0.72
1	2	0.07	0.9	0.07	1	0.07	0.95
1	2	0.6	0.97	0.53	0.97	0.57	0.97
1	3	0.87	0.53	0.77	0.8	0.82	0.67
2	2	0.43	0.77	0.37	0.67	0.4	0.72
2	2	0.4	0.93	0.27	0.93	0.34	0.93
2	1	1	0	1	0	1	0
2	1	1	0	0.97	0	0.99	0
2	1	0.97	0	1	0.03	0.99	0.02
2	3	0.93	0.97	0.93	0.83	0.93	0.9
2	2	0.03	1	0	0.93	0.02	0.97

续表

具身组别	选择偏好	低负荷 DU 正确率	低负荷 UD 正确率	高负荷 DU 正确率	高负荷 UD 正确率	DU 选择概率	UD 选择概率
2	3	0.6	0.87	0.63	0.87	0.62	0.87
2	4	0.77	0.57	0.4	0.4	0.59	0.49
2	1	1	0.03	1	0	1	0.02
2	2	0.27	0.83	0.17	0.9	0.22	0.87
2	2	0.3	0.9	0.1	0.83	0.2	0.87
2	1	0.93	0.47	0.87	0.17	0.9	0.32
2	3	0.97	0.83	0.83	0.77	0.9	0.8
2	1	0.97	0	0.97	0.03	0.97	0.02
2	1	1	0	0.97	0	0.99	0
2	2	0.57	0.73	0.33	0.6	0.45	0.67
2	3	0.97	0.97	0.97	1	0.97	0.99
2	3	0.97	0.93	1	0.9	0.99	0.92
2	3	0.97	0.83	0.97	1	0.97	0.92
2	1	0.87	0.43	0.53	0.4	0.7	0.42
2	3	1	1	0.97	0.97	0.99	0.99
2	2	0.23	0.73	0.37	0.83	0.3	0.78
2	4	0.67	0.47	0.5	0.4	0.59	0.44
2	3	0.93	1	0.97	1	0.95	1
2	3	0.97	1	0.93	1	0.95	1
2	1	0.9	0.63	0.83	0.33	0.87	0.48
2	3	0.97	0.9	0.97	0.87	0.97	0.89
2	1	1	0	0.97	0.07	0.99	0.04
2	3	0.87	0.97	0.93	0.77	0.9	0.87
2	2	0.03	0.93	0.03	0.93	0.03	0.93
2	1	0.6	0.37	0.77	0.57	0.69	0.47
2	1	0.97	0	1	0	0.99	0
2	2	0.57	0.7	0.23	0.57	0.4	0.64
2	2	0	1	0	0.93	0	0.97
2	2	0.37	1	0.3	0.9	0.34	0.95
2	3	0.67	0.87	0.77	0.8	0.72	0.84
2	4	0.4	0.43	0.67	0.67	0.54	0.55

续表

具身组别	选择偏好	低负荷 DU 正确率	低负荷 UD 正确率	高负荷 DU 正确率	高负荷 UD 正确率	DU 选择概率	UD 选择概率
2	1	1	0	0.97	0.03	0.99	0.02
2	2	0.13	0.9	0	0.9	0.07	0.9
2	1	0.97	0.03	1	0	0.99	0.02
2	1	0.97	0	0.97	0	0.97	0
2	1	1	0.07	0.9	0.1	0.95	0.09
2	2	0.27	0.97	0.03	0.87	0.15	0.92
2	1	0.97	0.03	1	0.03	0.99	0.03
2	3	1	1	1	1	1	1
2	3	1	1	0.97	1	0.99	1
2	1	1	0	1	0	1	0
2	2	0	1	0	1	0	1
2	2	0.3	0.9	0.07	0.73	0.19	0.82
2	1	1	0	0.97	0.07	0.99	0.04
2	2	0.47	0.7	0.43	0.5	0.45	0.6
2	3	1	0.93	0.93	0.93	0.97	0.93
2	3	0.97	1	0.8	1	0.89	1
2	2	0	1	0.03	0.97	0.02	0.99
2	1	0.97	0	0.93	0	0.95	0
2	1	0.73	0.17	0.63	0.2	0.68	0.19
2	4	0.53	0.6	0.33	0.47	0.43	0.54
2	1	0.97	0.03	1	0	0.98	0.02
2	1	1	0.03	1	0	1	0.02
2	2	0	1	0.07	0.93	0.03	0.97
2	3	0.97	1	1	1	0.98	1
2	1	0.93	0.2	0.9	0.23	0.92	0.22
2	1	0.9	0.57	0.57	0.4	0.73	0.48
2	3	0.97	1	0.97	1	0.97	1
2	3	0.93	0.97	0.87	0.77	0.9	0.87
2	1	0.9	0.07	0.93	0.1	0.92	0.08
2	1	0.97	0.03	0.97	0.03	0.97	0.03
2	3	0.97	1	1	0.93	0.98	0.97

续表

具身组别	选择偏好	低负荷 DU 正确率	低负荷 UD 正确率	高负荷 DU 正确率	高负荷 UD 正确率	DU 选择概率	UD 选择概率
2	1	0.8	0.1	0.8	0.23	0.8	0.17
2	1	1	0.03	1	0	1	0.02
2	4	0.63	0.5	0.3	0.37	0.47	0.43
2	3	1	1	0.97	1	0.98	1
2	3	0.97	1	0.97	1	0.97	1
2	2	0.23	0.97	0.1	0.93	0.17	0.95
2	3	1	1	1	1	1	1
2	2	0	1	0.03	1	0.02	1
2	3	0.97	1	1	1	0.98	1
2	3	0.97	1	1	1	0.98	1
2	3	1	1	1	1	1	1
2	1	1	0	1	0	1	0
2	2	0.1	0.97	0.07	0.97	0.08	0.97
2	3	1	1	0.97	0.97	0.98	0.98
2	2	0.2	0.97	0.1	0.97	0.15	0.97
2	2	0.53	0.8	0.2	0.63	0.37	0.72
3	1	0.97	0	0.93	0	0.95	0
3	2	0.57	0.83	0.27	0.73	0.42	0.78
3	1	0.97	0	0.97	0	0.97	0
3	3	1	0.8	0.97	0.73	0.99	0.77
3	2	0.3	0.83	0.13	0.83	0.22	0.83
3	1	0.87	0.13	0.83	0.3	0.85	0.22
3	1	0.97	0.03	0.97	0.03	0.97	0.03
3	1	0.97	0.03	0.97	0.03	0.97	0.03
3	3	1	0.93	1	1	1	0.97
3	1	1	0.07	0.97	0.13	0.99	0.1
3	1	0.97	0.07	1	0.03	0.99	0.05
3	2	0.6	0.8	0.43	0.87	0.52	0.84
3	2	0.37	0.7	0.43	0.6	0.4	0.65
3	2	0.57	0.6	0.2	0.6	0.39	0.6
3	1	1	0	1	0.03	1	0.02

续表

具身组别	选择偏好	低负荷DU正确率	低负荷UD正确率	高负荷DU正确率	高负荷UD正确率	DU选择概率	UD选择概率
3	3	1	1	0.97	0.97	0.99	0.99
3	3	0.9	0.83	0.77	0.73	0.84	0.78
3	4	0.43	0.5	0.47	0.63	0.45	0.57
3	1	0.93	0.07	0.93	0.03	0.93	0.05
3	1	1	0.43	1	0.17	1	0.3
3	1	1	0	0.97	0.03	0.99	0.02
3	1	0.57	0.37	0.63	0.63	0.6	0.5
3	2	0.13	0.83	0.17	0.93	0.15	0.88
3	1	0.93	0	0.97	0	0.95	0
3	2	0.33	0.63	0.3	0.7	0.32	0.67
3	3	0.9	0.9	0.87	0.97	0.89	0.94
3	1	0.6	0.33	0.63	0.37	0.62	0.35
3	2	0.5	0.7	0.17	0.57	0.34	0.64
3	3	0.97	0.93	0.83	0.93	0.9	0.93
3	1	0.73	0.43	0.6	0.23	0.67	0.33
3	1	0.73	0.47	0.57	0.37	0.65	0.42
3	2	0	0.97	0	1	0	0.99
3	2	0	1	0	0.97	0	0.99
3	3	1	0.67	0.87	0.53	0.94	0.6
3	3	0.97	0.9	0.97	0.97	0.97	0.94
3	2	0.33	0.6	0.3	0.77	0.32	0.69
3	1	0.97	0.57	0.87	0.3	0.92	0.44
3	2	0	1	0	1	0	1
3	2	0.13	0.97	0.03	0.97	0.08	0.97
3	3	0.57	0.77	0.9	0.63	0.74	0.7
3	2	0	0.97	0	0.97	0	0.97
3	1	0.93	0.07	1	0	0.97	0.04
3	1	1	0	1	0	1	0
3	3	0.97	1	0.9	0.97	0.94	0.99
3	3	1	1	0.93	0.9	0.97	0.95
3	4	0.43	0.47	0.37	0.33	0.4	0.4

续表

具身组别	选择偏好	低负荷DU正确率	低负荷UD正确率	高负荷DU正确率	高负荷UD正确率	DU选择概率	UD选择概率
3	2	0.07	0.93	0.2	0.93	0.14	0.93
3	1	1	0.07	0.93	0	0.97	0.04
3	1	1	0.03	1	0	1	0.02
3	1	1	0	1	0	1	0
3	3	1	1	0.93	0.93	0.97	0.97
3	2	0.13	0.97	0.03	0.93	0.08	0.95
3	3	0.97	0.73	1	0.8	0.98	0.77
3	1	1	0.03	1	0.03	1	0.03
3	3	0.97	0.9	0.83	0.83	0.9	0.87
3	2	0	0.97	0.03	1	0.02	0.98
3	3	0.97	0.97	0.83	0.9	0.9	0.93
3	1	0.87	0.03	1	0.07	0.93	0.05
3	3	0.97	0.97	0.83	0.93	0.9	0.95
3	2	0.03	0.9	0	1	0.02	0.95
3	1	0.93	0.03	1	0	0.97	0.02
3	3	1	1	0.93	1	0.97	1
3	3	0.57	0.93	0.73	0.97	0.65	0.95
3	3	0.9	0.63	0.73	0.63	0.82	0.63
3	3	1	1	1	1	1	1
3	1	1	0	0.93	0.07	0.97	0.03
3	3	1	0.97	0.97	0.97	0.98	0.97
3	1	1	0	0.87	0.07	0.93	0.03
3	3	0.9	1	0.83	0.97	0.87	0.98
3	3	0.97	1	0.97	0.93	0.97	0.97
3	2	0.13	1	0.07	1	0.1	1
3	3	1	0.97	0.93	1	0.97	0.98
3	1	1	0	1	0	1	0
3	3	0.93	0.97	0.97	1	0.95	0.98
3	3	1	0.97	0.97	0.93	0.98	0.95
3	2	0.03	0.97	0.03	1	0.03	0.98
3	3	0.8	0.9	0.4	1	0.6	0.95
3	3	0.97	1	0.9	0.97	0.93	0.98

附录 2：大五人格量表中国版简版

下面是 40 个陈述，请用 1 到 5 分评价每个陈述在多大程度上符合对你自己的描述，在后面表格内写上相应数字（鼠标点在题目后面的格子内，左手按 Enter 键可以跳到下一题，右手在数字键上按数字）。注意，陈述都没有对错和好坏之分，只反映每个人的特点，请不要顾虑，根据第一印象尽快作答。只有你认真如实地作答，我们给你提供的反馈才有价值（请留下 E-mail 地址）。每个问题均需回答，一定不要遗漏。谢谢你的支持！你的回答只匿名用于科研数据，不会有他人知晓。

	完全不符合 ···1···	比较不符合 ···2···	一般 ···3···	比较符合 ···4···	完全符合 ···5···
1）我常担心有什么不好的事情要发生					
2）我常感到害怕					
3）有时我觉得自己一无是处					
4）我很少感到忧郁或沮丧 *					
5）对于别人一句漫不经心的话，我常会联系在自己身上					
6）在面对压力时，我有种快要崩溃的感觉					
7）我常担忧一些无关紧要的事情					
8）我常常感到内心不踏实					
9）在工作上，我常只求能应付过去便可 *					
10）一旦确定了目标，我会坚持努力地实现它					
11）我常常是仔细考虑之后才作出决定					
12）别人认为我是个慎重的人					
13）做事讲究逻辑和条理是我的一个特点					
14）我喜欢一开头就把事情计划好					
15）我工作或学习很勤奋					
16）我是个倾尽全力做事的人					
17）尽管人类社会存在着一些阴暗的东西（如战争、罪恶、欺诈），我仍然相信人性总的来说是善良的。					
18）我觉得大部分人基本上是心怀善意的					

续表

	完全不符合 …1…	比较不符合 …2…	一般 …3…	比较符合 …4…	完全符合 …5…
20）我不太关心别人是否受到不公正的待遇*					
21）我时常觉得别人的痛苦与我无关*					
22）我常为那些遭遇不幸的人感到难过					
23）我是那种只照顾好自己，不替别人担忧的人*					
24）当别人向我诉说不幸时，我常感到难过					
25）我的想象力相当丰富					
26）我头脑中经常充满生动的画面					
27）我对许多事情有着很强的好奇心					
28）我喜欢冒险					
29）我是个勇于冒险、突破常规的人					
30）我身上具有别人没有的冒险精神					
31）我渴望学习一些新东西，即使它们与我的日常生活无关					
32）我很愿意也很容易接受那些新事物、新观点、新想法					
33）我喜欢参加社交与娱乐聚会					
34）我对人多的聚会感到乏味*					
35）我尽量避免参加人多的聚会和处于嘈杂的环境当中*					
36）在热闹的聚会上，我常常表现主动并尽情玩耍					
37）有我在的场合一般不会冷场					
38）我希望成为领导者而不是被领导者					
39）在一个团体中，我希望处于领导地位					
40）别人多认为我是一个热情和友好的人					
下面是基本信息，请一定要填写：					
41）年龄（实岁）：					
42）性别：					
43）你的姓名和 E-mail（此信息根据你的意愿和需要选填）：					

后　记

　　《大学生高外在认知负荷下的策略学习》脱胎于我的博士论文。回溯过往，2013年，在刑侦领域从事审讯与心理测试实践和教学工作十年后，重新回到校园，进入苏州大学教育学院深造。彼时，我的工作重心仍聚焦于通过微表情与多导设备数据破解谎言，协助司法机关侦破重大案件。对"瞬间信号解码"的职业敏感，让我最初对"学习策略"这类偏重于长期认知过程的研究略带排斥。

　　初入课题时，面对"策略执行""认知负荷"等概念，总不自觉地想用刑侦工作中"非语言线索快速识别"的思维去破解，却屡屡碰壁。直到在一次课程讨论中，我的导师刘电芝教授让我们对比"高效学习者与低效学习者的策略差异"，我突然意识到：学习策略的本质，何尝不是一种"认知过程的最优路径规划"。就像审讯中需要根据嫌疑人反应灵活调整话术等审讯策略，学习中也需要根据任务难度与自身状态调配认知资源。这种与刑侦工作"策略灵活性"的共通性，让我逐渐放下抵触。我认识到，原来学习策略并非抽象的理论，而是能让认知过程"事半功倍"的实用工具。无论是大学生的知识习得，还是我们工作中对复杂案件信息的梳理，都离不开它的底层逻辑。

　　真正让研究方向清晰起来的，是一次对"策略泛滥"问题的思考：身

后 记

边的学生面对五花八门的学习方法，常常陷入"选择焦虑"，反而降低了学习效率。这让我联想到审讯中"策略过载"的风险——若同时使用多种话术技巧，反而会暴露意图。由此产生一个疑问：从"不会学习"到"被策略淹没"，是否存在一种"协调策略使用的策略"？这个问题，成为我博士论文的起点。

接下来的五年里，从"外在认知负荷对策略执行的影响"到"具身操作的调控作用"，每一步探索都离不开刘电芝教授的指引。她没有否定我将刑侦工作中"多变量控制"思维带入实验设计的尝试，反而鼓励我用"双任务范式"模拟"高负荷情境"——就像审讯中同时处理嫌疑人语言与微表情信号那样，让实验更贴近真实认知场景。在她的指导下，我逐渐学会将"策略转换成本"与"谎言识别中的认知冲突"进行跨领域对比，用行为实验数据验证"策略选择偏好"的个体差异，最终形成了聚焦"高负荷下策略灵活性"的研究框架。

如今书稿付梓，既是对博士阶段研究的总结，也是对"认知转型"的记录。从刑侦工作中对"瞬间信号"的捕捉，到学术研究中对"长期认知规律"的探索，我愈发明白，无论是破解谎言还是优化学习，核心都是对"策略与情境适配性"的把握。

最后，感谢刘电芝教授，她不仅教会我实验设计的严谨与理论阐释的深度，更让我懂得学术研究的价值在于从不同领域的肌理中找到共通的认知逻辑。这份教诲将继续指引我在"认知策略"与"司法实践"的交叉地带探索前行。

殷鹏

2025年4月